Caleta del Sebo

Mala

Ermita
las Nieves

Guatiza

Castillo
de Santa Bárbara

Palacio Spínola

Teguise

Museo Agrícola
El Patio

La Vegueta

Tahiche

Golf
Costa Teguise

Fundación
César Manrique

Mozaga

Montaña
Blanca

Caldera
Tamia (550)

Monumento
al Campesino

Museo del
Vino/Bodega

San Bartolomé

Masdache

La Geria

Macher

Guatlza (485)

Uga

Ajaches (608)

Atalaya del
Femés (608)

Femés

Los
Ajaches

Las Breñas

LANZAROTE

Montaña
Roja (194)

© edition biosphäre

Zu diesem Buch

Nein. César Manrique, der Allroundkünstler und Sohn der Insel, hat Lanzarote nicht erfunden - und die Lanzaroteños nicht Kuba. Wahr ist jedoch, dass die Hälfte der Kubaner kanarische Wurzeln hat. Lanzarote ist die trockenste Insel der Kanaren. Wenn der Winterregen weitgehend ausfiel, litten die Menschen Hunger und hatten keine Wahl: Sie mussten in die Ferne ziehen. Wahr ist auch, dass die Insel ohne Manrique massentouristischer wäre.

Ruprecht Skasa-Weiß – ein *Homo canariensis* im Winter – hat die Insel so treffend beschrieben, dass dem nichts mehr hinzuzufügen ist: *„Eine Insel, schwarz gehöckert, wie vom Teufel persönlich in den Atlantik gekippt. Vulkane, Krater, Lavagebirge bis an den Rand des gischtenden Meeres..."* Der Autor erkundet Lanzarote seit Anfang der 1990er mit dem Mountainbike. Nun hat er sich zu Fuß auf den Weg gemacht.

Der Autor

Guido Block-Künzler wurde 1958 im osthessischen Schlitz geboren. Bereits Anfang der 1980er entdeckte er sein Lebensthema: der Kampf gegen die Zerstörung von Landschaften durch naiven Wachstumsglauben und Profitgier. Als Ökologiereferent des AStA der JLU Gießen hat er den Widerstand gegen die ‚Startbahn 18 West' mitorganisiert. Nach dem Studium arbeitete er als Rechtsanwalt und Geschäftsführer des Wissenschaftsladens in Gießen. Dort standen neben Umweltberatung und bürgernahem Wissenstransfer auch Themen der Regionalentwicklung auf der Agenda. Als der Wissenschaftsladen an ausbleibenden Fördermitteln verschied, gründete der Umweltjurist, Umweltaktivist und Umweltpublizist 2004 zusammen mit ehemaligen Kollegen den Verein für nachhaltige Flächennutzung und Umweltkommunikation. Der Verein betreibt die Website **www.landusewatch.info**. Seit 2006 ist der Autor mit seinem Biwaksack in den Bundesländern, am Mittelmeer und auf den Kanaren per Rad und zu Fuß unterwegs. Seine Reiseberichte veröffentlicht er bei BoD unter *edition block-kuenzler*. (**www.outdoor-reiseberichte.info**)

Guido Block-Künzler
Einmal Playa Quemada und zurück
Zu Fuß rund um Lanzarote

edition block-kuenzler

Gewidmet meinem Freund und Kollegen Ulrich Pfister, mit dem ich
die besten Tage meines Lebens auf der Insel verbrachte.

CIP-Kurztitel: Block-Künzler, Guido: Einmal Playa Quemada und zurück – zu Fuß rund um Lanzarote, 1. Auflage, BoD, 2011.
ISBN   9783842362116

Impressum
Herstellung und Verlag: Books on Demand GmbH, Norderstedt
© Guido Block-Künzler. Alle Rechte vorbehalten
Umschlagfoto, Bilder und Gestaltung: Guido Block-Künzler
Satellitenbild Lanzarote
© Edition Biosphaere Ulrich Pfister www.edition-biosphaere.de

Inhalt

Jeder Mensch trägt seine Landschaft in sich. Es ist ein großes Glück, sie wirklich zu finden. Ich habe sie gefunden: Lanzarote.

José Saramago
(* 16.11.1922 in Azinhaga, Portugal; † 18.06.2010 in Tias)

Unser Leben auf Erden ist so kurz, dass jeder unserer Schritte darauf hinführen muss, den erträumten Raum Utopia zu erbauen. Bauen wir es gemeinsam. Darin besteht die einzige Möglichkeit, es wahr zu machen.

César Manrique
(* 24.04.1919 in Arrecife, † 25.09.1992 in Tahíche)

Lanzarote
„Jungfräulich wird sie nie wieder!"

Ibiza ohne Hippies? Kaum denkbar. Lanzarote ohne César Manrique? Unmöglich. Heute noch - fast zwanzig Jahre nach seinem Tod - ist der unkonventionelle Allroundkünstler allgegenwärtig. Die Insel hätte ohne ihn ein anderes Gesicht – mit Sicherheit kein besseres. Sein ehrgeiziges Ziel: *"Ich möchte der Erde ihre Harmonie entlocken, um sie mit meinem Gefühl für die Kunst zu vereinen"*. Er hat die Insel – bis die Baulöwen kamen. Danach verkroch sich die Harmonie. Es blieben einige Enklaven: unbeschädigte Landgemeinden, grandiose Landschaften im Norden und Westen – und die Einsamkeit der Los Ajaches. Natürlich auch all die Kunstwerke, die er über die Insel gestreut hat.
Die Lanzaroteños sagen ihm nach, er habe Lanzarote gemacht. Für die ersten Jahrzehnte seines Wirkens ist das kaum zu bestreiten. Der Maler, Bildhauer, Architekt, Ökologe, Denkmalpfleger, Bauberater, Siedlungsplaner, Garten- und Landschaftsgestalter – das meiste davon im autodidaktischen Modus – war ein Schaffer. Weder vor noch nach ihm brachte die Insel ein derartiges Multitalent hervor.

1919 in der Inselhauptstadt Arrecife - am Postkartenmotiv *Charco de San Ginés* – geboren, zog er freiwillig für General Franco in den Bürgerkrieg - gegen die Republik. Die Kanarenbewohner sind bis heute im Zweifel eher konservativ, tiefgläubig und vatikantreu. Das mag es erklären. Zurückgekehrt nach Lanzarote, verbrannte er seine Uniform. Sechs Jahre danach besuchte er die *Escuela de Bellas Artes de San Fernando* in Madrid. 1950 legte er dort sein Examen als Kunsterzieher und Maler ab.
Einen Teil seiner Kindheit verbrachte er an der Caleta de Famara. Dort entstand seine Liebe zu Landschaft und Natur. *"Manrique hat sein ganzes Leben lang Vorstellungen vertreten, die eigentlich für jeden Ort gelten: das Bewusstsein, dass Landschaft ein endliches Gut ist, dass wir verantwortlich mit ihr umgehen müssen, um die Zukunft zu bewahren. Manrique hat diese Idee seit den sechziger Jahren auf Lanzarote verfolgt. In Bezug auf das Konzept der Nachhaltigkeit war er seiner Zeit voraus - wenn man bedenkt, dass man es allgemein erst Anfang der Neunzigerjahre wahr eingeführt hat, nach der Konferenz von Rio. Bis vor kurzem haben wir ja gedacht, die Ressourcen der Erde seien unerschöpflich, unendliches*

Wachstum sei möglich - und das ist falsch. Die Ideen Manriques haben heute ohne Zweifel mehr denn je Bestand!" So beschrieb Alfredo Díaz von der Manrique-Stiftung im Interview mit Reinhard Spiegelhauer vom Deutschlandradio letztes Jahr die Bedeutung von Manrique.

Viele der von der Inselregierung – dem Cabildo Insular – vermarkteten lokalen Weltwunder (*Centros de Arte, Cultura y Turismo*) wurden von ihm gestaltet und sind ein *„where you must have been"* für jeden, der von Lanzarote mehr als Sonne und Strand erwartet. Dazu gehört der von ihm gestaltete Kaktusgarten. Beliebt ist auch der minimalistische Aussichtspunkt in den Famara-Klippen. Im Inselnorden hat er in bester Konversionsmanier eine ehemalige Militärbasis - während des Krieges zwischen Kuba und den USA gegen Ende des 19. Jahrhunderts wurden hier Geschützbatterien installiert - zum absolut einmaligen Picknickplatz mit Vollservice umwandelte. Der *Mirador del Río* ist nahezu unsichtbar in die zerklüftete Steilwand des Nordkaps eingepasst. Die Fensterfront gewährt einen faszinierenden Panoramablick auf die kleine Nachbarinsel La Graciosa. Das Werk ist moderne, landschaftskonforme Architektur, die fern von folkloristischer Verkitschung Respekt für Landschaft, Geschichte und Tradition bezeugt.

Wiedererkennen würde er, der 1992 auf einer Kreuzung bei Tahíche tödlich verunglückte, die Insel heute nicht mehr. Zu entstellt ist inzwischen ihr Gesicht. Touristensiedlungen haben sich wie Krebsgeschwüre in die Insel gefressen – trotz aller Warnungen, trotz aller Baustopps. José Saramago hat vor zehn Jahren festgestellt: *„Wir wohnen gerade dem zweiten Tod von César Manrique bei".* Der Nobelpreisträger für Literatur mischte sich ein – obwohl er ein *guiri* (Ausländer) war. Er interessierte sich mehr für die Entwicklung der Insel als mancher Lanzaroteño: *„Wenn irgendjemand glaubt, mehr Autos, mehr Straßen, mehr Diskotheken und mehr Golfplätze bedeuteten mehr Lebensqualität, irrt er sich komplett."* Vor zehn Jahren kamen zur *Fiesta de Dolores* fast vierzigtausend Menschen - zur Demo für eine nachhaltige Inselentwicklung gerade Mal dreihundert. *„Wenn der Tag kommt, werde ich mich wohl fragen müssen, ob es sich noch lohnt, auf Lanzarote zu bleiben, oder ob ich gehen muß."* Er ist geblieben.

Noch überwiegt die Attraktivität. Man kann auf der Insel als Resident – quasi Dauergast - oder Urlauber ganz gut ohne die Touristenzentren zurechtkommen. An der Ostküste und im Inselnorden ist schlimmstenfalls der Nachhall überfüllter Touristenrummelplätze zu spüren: in Form der Rundreisebusse und Mietautos. Wer sich antizyklisch verhält, kommt auch damit klar. Kein Massentourist verzichtet auf das Frühstücksbuffet oder das Abendessen.

Im letzten Jahr ist José Saramago gestorben - in Tias. Bis zum letzten Atemzug blieb er sich treu: kämpfen, Widerstand leisten, sich einmischen – auch für seine Trauminsel. Motto: *"Ich bin kein Pessimist, sondern bloß ein gut informierter Optimist."*

Bernd L. Richter bringt die Situation nach Manrique in seinem wunderschönen Bildband auf den Punkt: *„Das Verhältnis Mensch-Natur bedarf neuer Orientierung. Hier hat Manrique unausreißbare Wurzeln gelegt....Fehler sind, wie auf der ganzen Welt, offensichtlich unvermeidbar. Wichtiger ist, dass man sie einsieht und korrigiert. Ob es gelingt, hängt auch, nein: im Wesentlichen von den Besuchern ab. Die Insel ist genauso wenig ursprünglich geblieben, wie ein Operettenkapitän ein Kapitän ist. Schön ist sie trotzdem. Jungfräulich wird sie nie wieder werden."*

Jungfräulich war sie schon 1993 nicht mehr. Damals verlieh die UNESCO der gesamten Insel den Adelstitel *Biosphärenreservat*. Immer wieder gibt es Gerüchte, er solle wieder aberkannt werden. Das wäre sicher eine überzogene Reaktion. Bereits bei der Titelvergabe war von den Salinen in Costa Teguise nichts mehr zu sehen, ihr Umfeld zubetoniert, die Infrastruktur für weitere Hotels und Apartmentanlagen in den kargen Boden getackert. Allerdings hat sich die Bettenzahl seitdem fast verdoppelt. Sicher, nicht die Bewahrung des Status quo, sondern Weiterentwicklung fordert der Titel. Das hat mit Wachstum um jeden Preis allerdings soviel zu tun, wie der Fisch mit dem Fahrrad. Für die Insel geht es um nichts Geringeres als um die Frage: wird der Tourismus zur soliden Lebensgrundlage - oder wird mit blinder Ressourcenvergeudung die Zukunft verspielt. Für die Entwicklungsplanung ist das Cabildo zuständig, für den Rest die Bürgermeister. Sie haben – viele davon korrupt – die Chancen weitgehend verspielt. Heute hilft nur noch ein Tsunami, bin ich versucht zu denken – wäre das nicht zynisch.

Genutzt hat das Prädikat vor allem den Reiseveranstaltern. Und die kommen nicht von der Insel. Im letzten Jahr waren fast vierzig Prozent der Lanzaroteños arbeitslos. Schuld ist nicht nur die weltweite Finanzkrise. Schuld ist auch, was den Pauschaltouristen magisch anzieht: a*ll*

15

inclusive. Mit anständigen Löhnen ist das kaum machbar. So wurden viele Insulaner durch Billiglöhner aus Hispanoamerika ersetzt. Schlecht geht es den Einheimischen aber auch, weil derzeit – Gott sei Dank - kaum gebaut wird.

César Manrique war kein weltfremder Träumer. Er wusste, wie schwer es war, *"in der guten alten Zeit"* auf der kargen Insel zu überleben. Wie sehr sich die Landbevölkerung plagen musste, um dem trockenen Boden das tägliche Brot abzuringen. Als er 1968 auf die Insel zurückkehrte, schwemmten die Flughäfen auf Ibiza und Mallorca bereits seit einem Jahrzehnt Sonnenhungrige aus dem Norden an ihre Strände. Auf Gran Canaria stand das Hotel Santa Catalina in Las Palmas noch viel länger - bereits seit 1890. Der erste Flughafen war seit 1930 in Betrieb.
In den 1960er Jahren ging es dann an vielen südlichen Stränden in Francos Reich richtig ab. Dort zeigte der Massentourismus bereits seine hässliche Fratze. Er wurde zur Haupteinnahmequelle. Der faschistische Diktator förderte das. Er fürchtete Hungeraufstände in seinem bettelarmen Land. Mehr und mehr Bettenburgen verschandelten daraufhin einst unberührte Strände. Es bedurfte keiner hellseherischen Fähigkeiten, um zu ahnen, was auch Lanzarote bevorstand. Manrique wollte den Drachen zähmen, ehe er die Insel verwüsten konnte. Manriques Engagement galt dem Landschaftsschutz und der Denkmalspflege. Er brachte seinen Landsleuten die kulturellen Werte ihrer kargen Heimat nahe – auch wenn das nicht alle gleich verstanden. So wurde sein Bauerndenkmal *Monumento al Campesino* lange Zeit verspottet. Heute würde von der Insel gejagt, wer es wagte, Manrique zu verspotten.
Gegen die Mächte der Finsternis – Geld und Gier – hat er verloren. Auch, weil sein Schulfreund José Ramirez Cerdá nicht ewig Inselpräsident blieb. Eine seiner Schülerinnen berichtet, dass Manrique in Costa Teguise wie *Catweazle* vor den Baggern herumhüpfte und die Bauarbeiter wüst beschimpfte. Mit zunehmender Verbitterung zog er bis zu seinem frühen Tod gegen Spekulanten und Baulöwen zu Felde. Mit seinem Vermächtnis verdienen bis heute einige wenige Millionen.

Heute wäre Selbstbeschränkung angesagt - ein unpopuläres Thema. Die Inselbürgermeister, die seit jeher großzügig Baugenehmigungen erteilten, wollen – mit Ausnahme der Bürgermeister von Haría - von Bescheidung nichts wissen. Als hartnäckige Mahner treten vor allem die Mitglieder des Umweltschutzvereins *El Guincho* auf. Dieser Organisation gehörte auch César Manrique an. Er war ihr Kopf und Motor.

Kultivierte und sensible Naturbegeisterte hatte Manrique auf seine geliebte Heimatinsel locken wollen. Die überwiegende Zahl der anderthalb Millionen Touristen, die Lanzarote heute als Ferienziel wählen, kommt allerdings nicht, wegen der Besonderheiten. Nach einer Studie ergab reizt die einzigartige Landschaft nur vier unter hundert Besuchern - und Manriques Kunstobjekte wurden als Motivation überhaupt nicht genannt. Immerhin erfreuen sich die *Centros de Arte, Cultura y Turismo* großer Beliebtheit. Ohne Manrique gäbe es sie nicht. Die Allgegenwart Manriques, seines Namens und Wirkens, könne dazu führen, daß man sich nach einigen Besichtigungsfahrten zu einem völlig manriquefreien Ort sehne. Das hat ein Reiserjournalist der FAZ vor einigen Jahren geschrieben. Das konnte er auch nur schreiben, weil er viel zu schnell unterwegs war. Wer die Insel zu Fuß erlebt, wird auf diesen Gedanken nicht kommen. Gelobt sei die Langsamkeit!

Ich beginne meine Wanderung, als mein Traumstrand sich füllt. Nur wenige Touristen verirren sich normalerweise hierher, Der schwarze Kieselstrand zieht Pauschaltouristen nicht eben magisch an. Und zum Playa de la Arena nebenan muß man bei Flut über einen steilen Pfad kraxeln. Im Winter ist hier tote Hose. Playa Quemada ist das *Afterhoek* der Insel: einsam, untouristisch - nur durch eine Stichstraße erreichbar. Etwas über hundert Leute leben hier dauerhaft, darunter einige Residenten. Eine pensionierte Lehrerin aus dem Pott hat sich eine Butze gekauft. Sie schwimmt jeden Morgen ihre einsamen Bahnen – auch jetzt im Winter. Hinzu kommen Winterflüchtlinge wie Ulrich aus dem Vogelsberg. Die Restaurants am Strand sind gut besucht, aber nicht überlaufen.

Das ändert sich radikal, wenn die *Semana Santa*, die *Heilige Woche*, in die heiße Phase geht. Ab Gründonnerstag versammeln sich die Lanzaroteños an ihren Küsten. Sehr beliebt ist mein Lieblingsstrand. Dumm gelaufen. Sie kommen mit dem überwiegenden Teil ihres Hausrats, Benzingeneratoren und Fernsehern. Da hilft nur noch Flucht.

Mein Exodus beginnt mit Verspätung. Schuld ist mein Nachbar – ein pensionierter rumänischer Bauingenieur. Er hat die alte Fischerhütte am

Rand des Dorfes gekauft und renoviert seit Tagen vor sich hin. Ich sah ihn gestern riesige Steine schleppen. Das weckte mein Helfersyndrom. Über kurz oder lang schleppten wir gemeinsam. Das machte durstig. Den Rest des Abends saßen wir vor seiner Bruchbude. Das war lustig, denn sein Englisch war so rudimentär wie sein Spanisch. Mit Französisch kamen wir auch nicht wirklich weiter. Italienisch und rumänisch wiederum sind für mich fremde Zungen. Dennoch unterhielten wir uns prächtig – jedenfalls soweit ich mich erinnern kann. Am nächsten Tag – also gestern - stand in großen weißen Lettern *CANCELED* im blauen Himmel. Mit dickem Kopf und weichen Knien durch die einsamen Los Ajaches zu torkeln, schien mir keine sonderlich gute Idee zu sein.

Als ich dann endlich loslaufe, erteilt mir das Landschaftsschutzgebiet gleich eine Lektion in Sachen Einsamkeit. *„Hallo, Servus, Grüß Gott!"* schallt es mir fröhlich entgegen. Noch vor zehn Jahren interessierte sich kein Schwein für diese staubtrockenen Barrancos mitten im Nichts. Die Letzten grüße ich nur noch mit müde erhobener Hand. Seit die Inselregierung beschlossen hat, mit ihren Plänen zum ländlichen Tourismus ernst zu machen, bevölkern immer mehr Wanderer bislang einsame Gegenden. Alles in allem eine ganze Busladung kommt mir entgegen. Im Bergdorf Femes abgesetzt, hat man sie den schwindelerregenden Weg von dreihundertsiebzig Metern Kammhöhe hinunter auf den alten Hirtenweg im Valle del Higueral geführt. Wer das Gekraxel über die Klippenpfade übersteht, darf sich in Playa Quemada einen hinter die Binde schütten - bis der Bus kommt und alle vor ihren Hotels wieder ausspuckt.

Normalerweise ist es in den Los Ajaches ziemlich einsam. Im zweithöchsten Gebirgszug der Insel wohnt seit Jahrzehnten niemand mehr. Zu karg ist der Boden, zu mühevoll war das Überleben angesichts anderer Verdienstmöglichkeiten - sei es in Übersee, sei es im Tourismus. Außer eifrigen Wanderern bevölkern noch immer Ziegenherden diese stille Gegend - auf der Suche nach den letzten Grasbüscheln. Wer aber genau hinsieht wird feststellen, dass die Pflanzenwelt erstaunlich vielfältig ist. Okay, eigentlich nur in regenreichen Wintern. Den Rest der Zeit finden sich in der trockenen Erde nur ihre Samen. Fast sechshundert Arten sind es. Darunter der anspruchslose Hornklee, aber auch Mohnblumen und Margeriten. Hier unten im Süden, in der Trockenheit der

Los Ajaches, muss schon einiges runterkommen, bis die Samen aufgehen. Im Norden, hinter den Famara-Klippen, werden mir später blühende Wiesen begegnen.

Zurück zur Tierwelt Lanzarotes. Es gibt hier nicht nur Ziegen. Neben Maultieren - die auch heute noch als Lasttiere genutzt werden - ausgesetzten Hunden und Katzen (die einen Teufel tun, sich allzu weit von den Siedlungen zu entfernen) ist da noch das Dromedar. Früher musste es den kargen Ertrag der trockenen Lavaböden schleppen, heute sind es Touristen. Zu Hause ist es in einem Tal oberhalb von Uga, in Pferchen, umgeben von Betonmauern - nichts, was wirklich glücklich macht. Jeden Morgen wird es mit seinen Artgenossen zur Karawane gebunden und von wettergegerbten Führern auf einem eigens angelegten Treck in die Feuerberge geführt. Dazu werden ihm zwei Sesselchen auf den Rücken gehängt. Dann geht es den Vulkanhang einige hundert Meter hoch - und wieder zurück. Den meisten Touristen ist das Abenteuer genug. Ohnehin geht es primär um das Fotomotiv. Die tägliche Dromedar-Karawane in die Montanas del Fuego gilt als Markenzeichen des Lanzarote-Tourismus – ein Alleinstellungsmerkmal. Nicht jeder hat so was. Nicht jeder braucht so was. Mit nachhaltigem Tourismus hat das jedenfalls nichts zu tun - eher mit verkitschtem Erlebnispark.

Es soll auch einige wenige Kühe, Schweine und Schafe auf der Insel geben. Das jedenfalls schreibt eine ältere Ausgabe des DuMont. Gesehen habe ich in zwanzig Jahren nicht eines dieser Viecher. Wild lebt hier kaum etwas - übermütige Geckos und Kaninchen sind es vor allem. Ansonsten in der Saison mehr zweibeinige Tiere, als manchem lieb ist. Auch die Vögel haben den Weg auf die Insel gefunden. Die hundert Kilometer zum Festland haben ihnen kaum Probleme bereitet. Zugvögel, aber auch Seemöven und Falken, gurrende Wildtauben in den Siedlungen, allgegenwärtige freche Finken und Meisen.

Weder himmelstürmenden Berge noch tiefe Schluchten finden sich in den Los Ajaches - in dieser Abteilung hat die Insel ohnehin wenig zu bieten. Auch auf Wälder hat der Herrgott verzichtet, als er die Insel modellierte. Gibt's schon anderswo, lasst mich mal was Anderes ausprobieren. Zum Beispiel grauschwarzbraunrote, nicht immer sanft gewellte, eingefurchte Flächen, die in schwindelerregenden Klippen

endenden Postkartenblicke gibt es in dieser unspektakulären Halbwüste nicht.

Mit meinem Monsterrucksack komme ich nur langsam voran. Im Übrigen meide ich die steilen Klippenwege weitgehend und suche mir meinen Weg über zum Teil abenteuerlichen Pisten, die manchmal himmelwärts streben. Auf allen Vieren verlasse ich das Higueraltal über den Nordhang des Moro de la Loma. Die letzten Meter sind mörderisch. Ich bekomme kaum Luft, der Rucksack drückt mich Richtung Erdmittelpunkt. Den Schalter gegen die Schwerkraft habe ich leider verlegt.

Oben angekommen, blicke ich zurück. Wie angeschwemmtes Strandgut liegen die Siedlungen an dem sanft aufsteigenden Hang der Vulkankette, die sich im Abstand von zehn Kilometern an der Ostküste entlang zieht. Ich laufe von Schlucht zu Schlucht - immer mit einem Abstecher zu den menschenleeren Stränden am Ende der Barrancos.

Ehe es vor dem Punta de Papagayo wieder flacher wird, geht es noch einmal richtig zur Sache. Geländewagen müssen auf der zerklüfteten Piste ihr Letztes geben. Das reicht nicht immer. Vor mir hat sich einer in den Hang geklemmt, als er dem Miniatur-Grand Canon in der Piste ausweichen wollte. Natürlich Touristen, die meinen, Geländewagen würden per Mietvertrag alle Pisten meistern. Später kommt es noch dicker. Auf einer Minipasshöhe kommt mir ein Kleinwagen entgegen. Dümmer geht nimmer. Ich fuchtele herum und kreuze die Arme um zu signalisieren, dass hier – jedenfalls mit ihrem Spielzeugauto - nix mehr geht. Ohnehin grenzt es schon an ein Wunder, das sie es so weit geschafft haben. Sie ignorieren mich - ebenso wie die offensichtliche Tatsache, dass ihr Mietauto und die vor ihm liegende Landschaft nie und nimmer zusammenkommen können. Aber sie haben „*Eintritt*" bezahlt – und niemand kann sie davon abhalten, den vermeintlichen Gegenwert zu realisieren. Dabei ist der Obolus nur die Parkplatzgebühr für die Papagayo-Strände.

Papagayo-Strände
Wo die Kanaren spanisch wurden

Nach dem letzten Anstieg liegt die Rubicón-Ebene vor mir. Der Name leitet sich vom lateinischen *rubicundus* für rötlich ab – manchmal glühen die Los Ajaches im Abendlicht. Den ganzen Tag bin ich über einsame Hügel gelaufen. Jetzt treffe ich auf diesen aus den Nähten platzenden Campingplatz am Playa de Puerto Muelas. Blockbuster lärmen um die Wette, Jungs spielen unter dem Gejohle ihrer Kumpels robusten Fußball, die Stimme des Platzwartes scheppert durch die Anlage. Trotzdem will in der Semana Santa jeder hier hin. Lange davor gibt es Gerangel um die Plätze.

Der Strand am Feldlager ist mäßig besucht. Überfüllt hingegen ist der Playa de Papagayo. Allerdings habe ich das Postkartenmotiv selten anders erlebt. Zwei Strände weiter, am Playa del Pozo, besetze ich eine Strandburg. Nur eine Handvoll Leute genießen die Abendsonne. In der Nacht scheinen die Touristensiedlungen von Playa Blanca und Corralejo um die Wette. Playa Blanca gewinnt. Das ehemalige Fischerdorf hat inzwischen fast die gesamte Südküste überwuchert. Nach den spanischen Eroberern haben sich Investoren den Landstrich unter den Nagel gerissen. Von Gier waren beide getrieben. Der Normanne Jean de Béthencourt ging hier an Land. Am Playa del Pozo errichtete er ein Fort und das erste spanische Dorf der Kanaren. Er war jedoch nicht der erste Europäer, der die Insel besuchte - aber der erste moderne Kolonisator. Zuvor trieben sich schon die üblichen Verdächtigen hier herum: Phönizier, Griechen und Römer.

Die Phönizier kamen über tausend Jahre vor der Zeitenwende. Die Herrscher des Mittelmeerraumes haben sich von Tyros im heutigen Libanon immer weiter vorgewagt - irgendwann auch in die unbekannte Welt hinter der Meerenge von Gibraltar. Als sie dann an der afrikanischen Küste weitergesegelt sind, trieben sie Meeresströmungen nach Lanzarote. Gesichert ist, dass sie mit der Färberflechte, die im Inselnorden wächst, Handel trieben.

Einige Jahrhunderte später lagen die Kanaren für die alten Griechen zunächst außerhalb der für die Menschen zugänglichen Welt. Das war für sie alles, was jenseits des Ortes lag, an dem der Riese Atlas das

Himmelsgewölbe auf seinen Schultern trug. In ihrer Vorstellung lagen jenseits von Gibraltar die *Gärten der Hesperiden*, der *Töchter des Abendsterns*. Natürlich lockten sie diese blühenden Gärten trotz des Mythos. Sie konnte Boote bauen, die den Stürmen des Mittelmeeres trotzten. Sie hatten mutige Seefahrer und Krieger. Und sie waren so neugierig wie alle Menschen zu jeder Zeit auf das, was hinter dem Horizont lag. Bei Homer werden die Kanaren *Inseln der Seligen* genannt. Das würde uns heute im Angesicht der kargen Landschaft Lanzarotes kaum in den Sinn kommen. Plato – woran wir sehen, dass sich die halbe Antike Gedanken um diese windzerzausten Eilande vor Afrika machte – hielt sie angeblich für Reste des untergegangenen Kontinents Atlantis. Aber das ist mit hoher Wahrscheinlichkeit ein Missverständnis. Lange vor der Bibel erfand Platon das Gleichnis. Lange nach Platon machten Menschen aus Gleichnissen Realität. Plutarch schreibt: *'Die Inseln liegen etwa zehntausend Stadien von Libyen entfernt und heißen ,Die Glücklichen'. Es regnet dort selten und mäßig, aber die Winde, die sanft sind und Tau mit sich bringen, bewirken, dass die Erde weich und fruchtbar ist. Es herrscht eine reine Luft, durch die die Jahreszeiten ohne großen Wechsel ineinander übergehen...'*

Den Griechen folgten die Römer – auch auf Lanzarote. Ihr Historiker Plinius berichtet von einer Expedition, die auf dem Archipel riesige Hunde entdeckt hat. Da Hund im Lateinischen *Canis* heist, kam irgendwann Kanaren dabei heraus. Zudem belegen Amphoren, die vor La Graciosa gefunden wurden, dass sie hier waren. Auch sie hatten keine Lust, dauerhaft zu bleiben. Keine der Großmächte des Altertums hat auf der Insel Spuren hinterlassen. Einzig die Altkanarier blieben. Wann sie kamen, woher sie kamen - das ist bis heute nicht abschließend geklärt. Wahrscheinlich gab es mehrere Besiedlungsphasen. Die ersten Siedler stammten vermutlich von Wüstenbewohnern aus der Sahara ab, die mit Binsenbooten übersetzten. Das soll 3000 v. Chr. gewesen sein. Eine der skurrilen Geschichten dazu: man habe Unerwünschte Personen in die Boote gesetzt. Mit dem Kanarenstrom schwemmte es sie auf die Inseln. Rückkehr ausgeschlossen. Dazu ist die Strömung zu stark. Wie dem auch immer war: archäologische Ausgrabungen weisen unabhängig davon auf eine Besiedlung aus Südwesteuropa hin. Dafür spricht auch die Hellhäutigkeit der Altkanarier. Im Zeitraum von 500 bis 200 v. Chr. kommen weitere Menschen aus Nordafrika auf die Inseln.

Wahrscheinlich finden sie bereits mehrere Kleinkönigreiche vor. Vom 6ten Jahrhundert bis ungefähr ins Jahr 800 haben vermutlich Berber beim letzten großen Besiedlungsschub die Kanaren erreicht.

Die Altkanarier lebten bis zur spanischen Eroberung in einer steinzeitlichen Kultur. Über die Größe der Bevölkerung gibt es keine verlässlichen Angaben. Auf Lanzarote sollen es nur ein paar Tausend gewesen sein, als der Normanne Jean de Béthencourt landete. Zu seiner Expedition zählten zwei Kapläne, Bruder Pierre Bontier, ein Franziskanermönch, und Jean Le Verrier. Ihre Dokumentation *„Le Canarien"* ist nahezu die einzig verfügbare Informationsquelle über das Leben der Ureinwohner.

Béthencourt hätte ein gemütliches Leben in Grainville de Teinturiére haben können – wäre da nicht seine Verschwendungssucht gewesen. Hochverschuldet war er - und in viele Prozesse verwickelt. Der damalige französische König war *not amused* über seinen Vasallen. Mit in Ungnade gefallenen ging man damals nicht zimperlich um. Béthencourt drohte Kerker. So weit ließ er es nicht kommen. Klammheimlich versilberte er seinen Besitz – vorbei an den Gläubigern. Danach musste er weit weg - je weiter, desto besser. Über seinen Vetter bekam er vom kastilischen Königshaus die Lizenz zum Erobern der Kanaren. Da gab es menschlichen Rohstoff und immer noch die Färberflechte *Orchilla*, die schon wackere Phönizier in den rauen Atlantik lockte. Im Gegensatz zu ihnen wollte er das ganz große Geschäft. Er wollte den gesamten Handel unter sich bringen – ohne heimische Zwischenhändler und Mitbewerber. Dazu musste er alle Kanareninseln erobern. Mit zweihundertfünfzig Söldnern segelte er in La Rochelle los. Dieser Waffengewalt hätten die steinzeitlich lebenden Altkanarier wenig entgegenzusetzen gehabt. Allerdings kam es anders. In Cadiz bekamen viele weiche Knie. Sie machten sich aus dem Staub. Sechzig Söldner hatte er noch an Bord, als er nach einer Woche auf La Graciosa landete. Danach segelte er weiter bis zur Meerenge zwischen Lanzarote und Fuerteventura. Das war strategisch nicht ungeschickt. Hier lagen zwei Kanaren für ihn in Wurfweite. Um sich den Rücken für die Eroberung von Fuerte freizuhalten, bot er sich den Insulanern als Schutzmacht vor Sklavenhändlern an. Als Béthencourt vier Jahre später nach Europa zurückkehrte, war er finanziell saniert – aber nicht geheilt von seiner Verschwendungssucht.

28

Reich gestorben ist er nicht. Sein Reichtum zerrann ihm unter den Händen. Einen Freund hat er bereits auf den Kanaren verloren - wegen einer Intrige. Er legte, während sein Freund auf den Kanaren die Stellung hielt, den Lehenseid vor König Heinrich III. von Kastilien in eigenem Namen ab. Damit war Gadifer de la Salle – der militärische Führer der Expedition - ausgebootet. Es gibt eben nicht Richtiges im Falschen. Als Béthencourt nach Frankreich zurückkehrte, setzte er seinen Neffen Maciot de Béthencourt als Statthalter ein. Der heiratete die Tochter des ehemaligen Königs Guardafía und machte Teguise zur Inselhauptstadt. Anfänglich moderat, entpuppte er sich als noch skrupelloser.

Béthencourt war nicht der erste Europäer seit der Wiederentdeckung der Kanaren. Er fand bei Teguise auf dem Montaña de Guanapay ein Fort, das vom Italiener Lancelotto Malocello erbaut wurde. Der sollte im Auftrag des portugiesischen Königs an der afrikanischen Westküste entlang segeln - im Zweifel bis zum Ende der Welt. Dabei trieb er wohl ab. Das war hundert Jahre vor Béthencourt. Es muß ihm hier gefallen haben. Auch muß er sich gut vertragen haben mit den Inselbewohnern. Zurück in Lissabon kehrte auch die Insel in das Bewusstsein der Europäer zurück. In der Weltkarte des Mallorquiners Angelino Dulcert wird sie als *Insula de Lanzarotus Marocelus* verzeichnet. Dennoch interessierte sich danach niemand in Europa für die Insel. Hier kam vielleicht nur einer noch an. Und der wollte nicht wirklich auf die Insel. 1377 soll der spanische Kapitän Martín Ruiz de Avenadeño an der Küste Lanzarotes gestrandet sein Gemäß angeblicher altkanarischer Gastfreundschaft habe er die Nacht mit der hübschen Gattin des damaligen Königs Zonzamas verbracht. Das Ergebnis sei Prinzessin Ico gewesen: ein weißhäutiges, blondes Mädchen. Die Geschichte geht noch weiter, klingt aber eher nach *yellow press*. Sie ist in vielen Reiseführern nachzulesen. Dies hier ist kein Reiseführer.

Mit Béthencourt begann der neuzeitliche Kolonialismus. Dabei spielten die Kanaren eine wesentliche Rolle. Die Inseln wurden über Jahrhunderte zum letzten Ankerplatz vor der großen Überfahrt nach Amerika. Das sind sie bis heute. Puerto Calero profitiert davon. Von hier aus segeln seit Cristóbal Colón – besser bekannt als Christoph Kolumbus - die Schiffe mit dem Passatwind gen Westen. Hier liegt – jedenfalls für Segler - bis zum heutigen Tag das Tor zur anderen, zur *Neuen Welt*. Das ist so, weil hier die *trade winds* wehen. Europäische Handelsschiffe

machten sich die beständigen Passatwinde beidseits des Äquators schon früh zu Nutze. Sie garantierten eine zügige Atlantiküberquerung. Der durch den Nordostpassat angetriebene Kanarenstrom gab den Schiffen zusätzlichen Schub. So wurde die Strecke über die Kanaren nach Amerika zur ersten Autobahn der Meere. Sie segelten, von Europa kommend, an der afrikanischen Küste entlang, bis sie auf den Passat trafen. Der trug sie in den Golf von Mexiko. Meeresströmungen trieben sie dort weiter nach Norden. Dort herrschten Westwinde vor, die sie zurück nach Europa brachten. Dieser Kreislauf brachte die Sklaven nach Amerika, wo sie auf den Baumwollfeldern schuften mussten - und die Baumwolle nach Europa.

Zurück zur Gegenwart. Am nächsten Morgen weckt mich ein uralter Instinkt. Etwas durchstreift mein Revier. Gott sei Dank ist es kein Säbelzahntiger. In der Morgendämmerung hechelt ein Jogger an mir vorbei. Die Sonne schläft noch. Nach dem Strandläufer wird es wieder einsam. Dennoch ist an Schlaf nicht mehr zu denken. Ich schäle mich aus dem Biwaksack. Das bereue ich sofort. Gefühlte arktische Kälte empfängt mich. Ich kann gar nicht so schnell zittern, wie ich friere. Die Sonnenwärme des Vortages ist im Weltraum verpufft, denn die Nacht war sternenklar. Man kann nicht alles haben. Bis die Sonne endlich aufgeht, bin ich bereits mehrfach den Strand hoch und runter gelaufen. Wenigstens ist mir jetzt warm. Übermütig geworden, nehme ich ein freizügiges Morgenbad. Splitternackt lege ich mich in die sanft auflaufenden Wellen. Sie schäumen mich ein. So könnte es ewig weitergehen. Der Atlantik ist im Frühjahr allerdings von karibischen Badewannentemperaturen weit entfernt. Daher fällt das Bad kurz aus. Trotzdem fühle ich mich gefrostet. Erneut muss ich mich warmlaufen. Aufgetaut gehe ich Richtung Playa Blanca. Strand reiht sich an Strand. Bei Ebbe sind sie miteinander verbunden.
In dunstiger Ferne begleitet mich die Nordküste Fuerteventuras. Beide Inseln waren noch in der Antike durch eine Landbrücke miteinander verbunden. Heute liegen zehn Kilometer Atlantik und zwölf Minuten Schnellfähre zwischen Lanzarote und Fuerte. Der Atlantik rund um beide Inseln fällt steil ab. In der Meerenge La Bocaina bringt er es jedoch selten auf mehr als vierzig Meter. Daraus ragt kurz vor Corralejo die Isla de Lobos hervor. Die *Insel der (See)Wölfe* erhielt ihren Namen

von den spanischen Eroberern. Damals lebten noch Mönchsrobben an ihren Ufern. Das änderte sich nach Ankunft der Conquistadoren zügig. Die Robben endeten als Stiefel und Brustpanzer der Söldner - und der Rest in deren Mägen. Seitdem hat sich keine mehr auf die Insel gewagt. Kann man ihnen nicht verdenken. Wandergruppen, Fischer und Liebhaber einsamer Strände besiedeln die winzige Insel heute in Teilzeit. Verpflegen können sie sich in einem Restaurant, das allerdings mit Sternetourismus nichts am Hut hat. Der Sohn des letzten Leuchtturmwärters bewirtschaftet es. Auch er wohnt nicht dauerhaft auf der Insel. Nachts kann man sich hier - mit behördlicher Erlaubnis - beim Denken zuhören. Robinson lässt grüßen! Früher war der Leuchtturm ständig besetzt. Der Faro Martiño aus dem Jahr 1865 hat Literaturgeschichte geschrieben. Die hochbetagt kurz vor der Jahrtausendwende verstorbene Schriftstellerin Josefina Pla wurde hier geboren. Später wanderte sie nach Paraguay aus, wo sie bedeutenden Einfluss auf das intellektuelle Leben hatte. Auch Mutter und Onkel des Bestsellerautors Alberto Vázquez-Figueroa wurden im Leuchtturm geboren. Sein Vater wurde während des spanischen Bürgerkrieges aus politischen Gründen zunächst zum Tode verurteilt und später mit seiner Familie in die marokkanische Wüste deportiert. Der kleine Alberto lebte dort lange bei seinem Onkel. Für den Bestsellerautor war das ein Glück. *„Mein Onkel war ein großer Leser. Er und meine Mutter sind auf der Isla de Lobos groß geworden, als Kinder des Leuchtturmwärters, als einzige Bewohner der Insel. Mein Großvater war ein sehr belesener Leuchtturmwärter. In meiner Familie gab es immer eine große Leidenschaft für die Lektüre. Und was sollte ich in der Wüste anderes machen?"* Sein erfolgreichster Roman ist ‚*Tuareg*'. Fast ebenso populär ist seine Trilogie ‚*Oceano – Yaiza – Maradentro'*. Dort beschreibt er die Flucht von der Insel und den Weg des Helden nach Venezuela. *„Das Leben meiner Figuren hängt von ihrer Geduld ab. Alle haben einen realen Hintergrund. Ich schreibe nur über Dinge, die ich auch kenne."*

Das erste Hotel der Urlaubsfabrik Playa Blanca ist bereits vom Punta de Papagayo zu sehen. Wären Gesetze auf Lanzarote mehr wert, als das Papier, auf dem sie stehen – ich hätte nichts als unberührte Landschaft vor mir. Das *Papagayo Arena* ist ein Monster - ein Hotelkomplex für rund achthundert Gäste. Es ist sieben Stockwerke hoch. Das ist jenseits von Gut und Böse. Der Hotelbunker ist nicht genehmigungsfähig. Also

hat der Betreiber sich die Genehmigung eingekauft. So scheint es jedenfalls. José Francisco Reyes, Ex-Bürgermeister von Yaiza und damals Vorsitzender der Partido Nationalista de Lanzarote (PNL) hat zugegeben, Baulizenzen gegen Schmiergeldzahlungen vergeben zu haben, wie Susanne Bernard vom deutschsprachigen Inselmagazin Lanzarote 37° später berichten wird. Das Hotel Papagayo Arena verstößt gegen den Bebauungsplan und das Küstenschutzgesetz. Das ist gerichtlich festgestellt. Der Abriss ist seit Jahren beschlossen. Madrid hat finanzielle Unterstützung zugesagt. Passiert ist bis heute nichts. Legal, illegal – scheißegal! Fast alle großen Anbieter haben das Hotel noch im Katalog. Geschäft ist eben Geschäft.

Bis zum nächsten illegalen Betonklotz sind es nur wenige Meter. Das Nobelhotel *Dream Gran Castillo* ist zwar an den Inselbaustil halbwegs angepasst, nicht aber an die Rechtslage. Das *Rubicón Palace* am anderen Ende der Touristenhochburg passt sich hingegen weder an Manriques Vorgaben noch die geltenden Gesetze an. Inselweit sind von den in Betrieb befindlichen Anlagen neun Hotels und sieben Apartmentanlagen illegal. Das hat das Verwaltungsgericht auf Gran Canaria entschieden. Letztinstanzlich! Mehr als zehn Prozent der Betten stehen in Schwarzbauten! Warum sich dennoch nichts tut? Die Frage ist einfach zu beantworten. Schuld sind die Ayuntamientos. Sie müssen die Urteile umsetzen. Die gleichen Kommunen haben zuvor die Schwarzbauten durchgewinkt. Die Position der Inselregierung war vor Jahren eindeutig: keine der betroffenen Anlagen ist legalisierbar. Somit bleibt nur der Abriss. Das würde die Arbeitslosenquote drastisch senken.

Im Falle des *Princessa Yaiza* – auch in der Nähe der Papagayos - handelt es sich um einen Eigentümer mit mächtig viel Geld - einen, dem laut Meinung der Einheimischen sowieso die halbe Insel gehört, schreibt Lanzarote 37°. Die Anordnung träfe keinen Hungerleider. Nachzulesen ist das ganze Drama in der europaweit einmaligen Dokumentation „*Legalidad urbanística*". Leider nur auf Spanisch. Einen Aufstand der Inselbewohner hat es nicht erzeugt. Irgendwie haben sich die meisten Lanzaroteños achselzuckend mit touristischer Monokultur und der Betonverkrustung ihrer Küsten arrangiert. Diese fatale Mentalität seiner Inselmitbewohner erklärt der Intellektuelle Antonio Felix Martín Hormiga, einst Kulturbeauftragter der Inselregierung: „*Nicht wenige Canarios neigen auch zu einer vagen Nostalgie, die sich Klagen über die Folgen der Eroberun-*

gen von Anfang des 15. Jh. Bis in die Zeit des modernen Massentourismus erschöpft. Doch wir können nicht mehr zurück, indem wir uns wie einst in Felle kleiden und mit einem Knüppel in der Hand herumlaufen. Die einzige Möglichkeit, nicht weiterhin Lethargie zu verharren, liegt in der Erforschung unserer Vergangenheit, ohne dabei fremde Einflüsse, die es immer gegeben hat, zu negieren oder überzubewerten. Wir müssen herausfinden, wer wir waren, wie wir lebten, wann und warum die Traditionen anderer unsere Traditionen verdrängten oder mit den unsrigen verschmolzen. Und wir müssen schließlich erkennen, dass nur wir selbst uns aus unserer Opferrolle befreien können." So werde es. Die Voraussetzungen sind da, Manriques Stiftung macht viele Schritte in diese Richtung. Auch die von ihm gegründete Umweltschutzorganisation *El Guincho* ist aktiv. Doch sie haben mächtige Gegner – sowohl auf der Insel wie auch im internationalen Tourismusgeschäft. Wer die Insel liebt, muß sie unterstützen. Sonst gibt es bald nichts mehr, was geliebt werden kann. Es ist fünf vor Zwölf. Eher später. Was eher später bedeutet, das sehe ich im Osten von Playa Blanca. Eine Fischerfamilie, die sich weigert, der schönen neuen Urlaubswelt zu weichen.

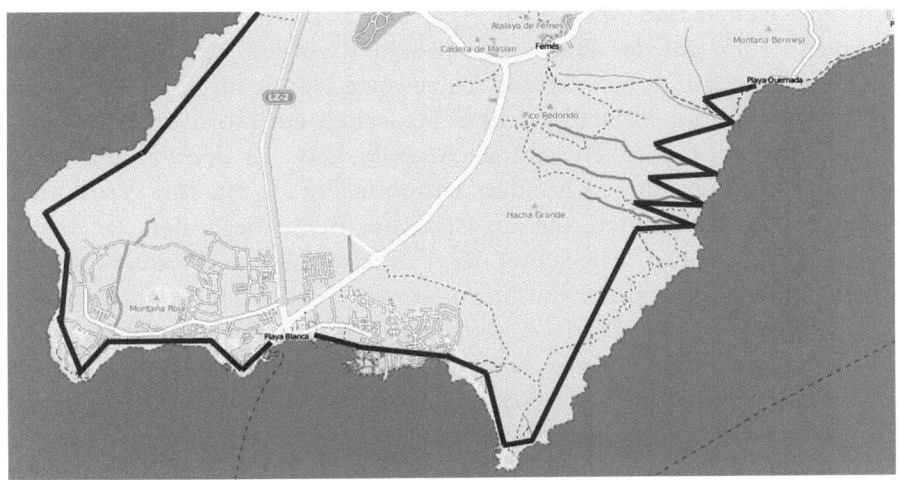

Marina Rubicón
Die Fischerkate der Familie Medina Caceres

Touristen sind hier früher auf dem Weg zu den Papagayoständen achtlos an den Fischerhütten vorbeigelaufen. Auf dem Kiesstrand lagen die schweren Holzboote. Hunde kläfften. Heute lärmen hier Touristen. Hinter der Fischerhütte der Familie Medina Caceres steht ein Supermarkt. Der Kiesstrand vor der Hütte ist einem Sporthafen gewichen. Boutiquen und Restaurants säumen die Hafenanlage. Fischerboote trifft man dort nicht an.

Auf Lanzarote kennt jeder das Haus. *La Casa Berrugo* heißt es – benannt nach der Bucht, die unter dem Sporthafen *Marina Rubicon* verschwand. *„Aqui habia una playa. – Once there was a beach here. – Das war ein Strand."* haben die Caceres auf ihre Fischerhütte geschrieben. Ein nutzlos gewordenes Boot liegt davor. Eine Pinnwand informiert über ihren Widerstand. Touristen bleiben davor stehen. Einige haben Sätze wie *„Bleibt standhaft!"* in eine Art Kondolenzbuch geschrieben. Die Szene hat etwas Surreales.

Die Fischer haben ihre Hütte nicht aufgegeben, obwohl sie von der Tourismusindustrie vollständig eingekreist sind. Inzwischen ist das Haus behördlich versiegelt worden. Die Provinzposse, die dazu führte, zeigt eine im Zweifel entschlossene Verwaltung – solange es nicht gegen die Reichen und Mächtigen geht. Der Familie ist vor Gericht der Besitzanspruch auf das Haus abgesprochen worden. Auch dabei hatte der ehemalige Bürgermeister von Yaiza seine Hände im Spiel. Er – dem das kleine traditionell weiß gekalkte Häuschen ein Dorn im Auge war, begutachtete vor dem Gericht in Arrecife, dass es der Familie nicht gehöre. Die aber lebt seit hundert Jahren in der Bucht. Ihre Vorfahren arbeiteten in den Salinen, die am Ende der Bucht begannen. Im Inselmagazin Lanzarote 37° berichtet der 63jährige Santiago Medina Caceres - einer von vier Brüdern, die hier geboren worden sind: *"Es gab einen Gerichtsprozess, in dem festgestellt wurde, dass das Haus nicht uns gehört. Der frühere Bürgermeister von Yaiza hat einen Bericht eingereicht, wonach es uns nur von den Salinen zur Nutzung überlassen worden ist, für die mein Vater gearbeitet hat, und der Gemeinde gehört. Das war für das Gericht stichhaltiger. Denn wir haben nichts Schriftliches, dass der Betreiber der Salinen meinem Vater das Haus*

37

endgültig überlassen hat." Vor hundert Jahren sei das per Handschlag verabredet worden, sagt er. Heimatkundler bestätigen, dass solche Fürsorge des Arbeitgebers auf Lanzarote Tradition hat. Früher galt das einfache Wort, Dokumente waren nicht nötig - bis Spekulanten Ende der Neunzigerjahre das gesamte Areal bei Playa Blanca kauften. Familie Medina Caceres wollte nicht weichen und wehrt sich vor Gericht – bislang vergeblich.

„Schön oder lieber reich?" titelte der *Focus* im November letzten Jahres. Die Fischerhütte ist inzwischen zu einem Symbol geworden für einen ungleichen Kampf. In ihm stehen Wachstumsfanatiker, Grundstücksspekulanten und Baulöwen auf der einen Seite. Auf der anderen versuchen Einheimische und Zugezogene wie die deutsche Manrique-Schülerin Bettina Bork zu verhindern, dass es noch schlimmer kommt. Sie wollen den natürlichen Reichtum der Insel bewahren. Schließlich ist das *„ästhetische Gesamtbild"* – so der *Focus* – der größte touristische Trumpf der *Isla mitica*.

Playa Blanca
Fußläufige Touristenwüste

César Manrique kam nur bis Yaiza. Weiter südlich ist die Insel manriquefrei. Das stimmt allerdings nur bedingt. Kunstwerke hat er hier nicht hinterlassen. Die von ihm mit seinem Politikerfreund Pepin Ramírez - dem damaligen Inselpräsidenten - durchgesetzten Bauvorschriften gelten jedoch auch hier. Den frühen Tourismusanlagen sieht man das noch an. Es wurde anfangs versucht, den Dorfcharakter zu erhalten. Die frühen touristischen Bauten sind oft in sich geschlossene Anlagen - nach dem Pueblo-Prinzip. Inzwischen hat sich das ehemalige Fischerdorf zur Freizeitgroßstadt entwickelt. Noch in den 1960ern bestand es aus ein paar Häusern, die sich um den kleinen Sandstrand gruppierten. Heute hat es einen Busbahnhof, einen mondänen Sporthafen, eine Fußgängerzone und ein Industriegebiet.
Von den Papagayos bis weit hinter dem Montaña Roja zieht sich die Uferpromenade. Sie wird von Apartmentanlagen und Hotels begleitet, die sich immer weiter in die Rubikon-Ebene vorschieben und den Hängen der Los Ajaches immer näher kommen. Das Urlauberghetto hat auch den Vulkan Montaña Roja im Würgegriff. Fast wünsche ich mir, er möge erneut Feuer spucken.

Ameisenheere bevölkern die Promenade selbst an diesem durchwachsenen Tag. Unter ihnen sind viele Beringte. *All inclusive* ist längst auch auf Lanzarote angekommen. Wie erträgt die Insel ihre Touristen? Die malträtierten Landschaften können leider nicht reden – die Bewohner schon. Unter ihnen regt sich Widerstand – mit bislang überschaubarem Erfolg. Zunehmend wird die Betonverkrustung ein Fall für die Justiz.
Wer sind diese Touristen? Sie sind einheitlich in ihrer Vorliebe für die Strände im warmen Süden. Darüber hinaus haben sie jedoch spezifische Merkmale. Das jedenfalls meint Michel Houellebecq, der die Insel zur Jahrtausendwende besuchte und später in seinem Reisebericht schrieb:
„Die Norweger sind durchscheinend; der Sonne ausgesetzt, sterben sie fast sofort. Nachdem sie zu Anfang der 50er Jahre den Lanzarote-Tourismus erfunden haben, sind sie von der Insel geflohen, die im äußersten Süden ihrer Sehnsüchte liegt ... Die Einwohner denken voll Rührung daran zurück ... Im weiteren Verlauf dieses

Textes wird es nicht nötig sein, die Norweger nochmals zu erwähnen. Mit den Engländern ist das nicht möglich, ebenso wenig wie mit dem durch urlaubende Engländer entstehenden Problem. Dieses Problem entsteht nicht durch die Deutschen (die überall hinfahren, wo die Sonne scheint) und noch weniger durch die Italiener (die überall hinfahren, wo es schöne Ärsche gibt); über die Franzosen wollen wir lieber schweigen."

Nicht selten wird enttäuscht, wer auf Lanzarote nur Sonne und Meer sucht. Wenn die Sonne in den Wintermonaten hinter Wolkenbändern verschwindet, kann es empfindlich kühl werden – erst recht, wenn der Wind aus nördlichen Richtungen bläst. Dann wünscht man sich den heißen Wüstenwind *Calima* herbei. Richtig glücklich wird man aber auch mit diesem Wetterphänomen nicht. Bereits nach wenigen Stunden hat man den Saharawind satt. Dummerweise lässt er sich nicht abstellen. Wochenlang kann er die Insel mit einer Dunstglocke aus feinem ockerfarbenem Saharasand verhüllen. Der sammelt sich in den Ecken der Apartments, legt sich auf Bettlaken und Bronchien. Man kann ihm nicht entkommen. Man will ihm auch nicht entkommen. Die fönartige Wirkung lähmt Kopf und Körper - als hätte jemand den Stöpsel gezogen.

Unter allen Touristenorten hat Playa Blanca mit Abstand die meisten Sonnentage. Die autofreie Strandpromenade spricht ebenfalls für die drittgrößte Touristenhochburg. Ihr allergrößter Vorteil: innerhalb von zwölf Minuten ist man auf Fuerteventura und kann sich in die endlosen Sanddünen von Corralejo legen. Insgesamt ist das ehemalige Fischerdorf ein unspektakulärer Ort. Seine historische Bausubstanz ist übersichtlich. Sie beschränkt sich auf das Castillo de las Coloradas. An dem bin ich vorbeigelaufen, ehe ich vor dem Haus der Familie Caceres stand. Der massive Rundbau aus der zweiten Hälfte des 18. Jahrhunderts sollte die Südküste vor Piraten schützen. Seinem Vorgänger ist dies nicht gelungen. Er wurde 1749 von algerischen Piraten platt gemacht.

Zügig laufe ich die Strandpromenade ab. Als ich endlich den Punta de Pechiguera im Südwesten erreiche, begegne ich nur noch wenigen Leuten. Bis zur Nordspitze der Insel sind es nur achtundfünfzig Kilometer. Luftlinie! Die Überschaubarkeit der Insel täuscht jedoch. Oft komme ich nur im Schneckengang voran. Spitzer Tuff, Sandmeere, Verwehungen, Klippen, steile Abhänge und die stechende afrikanische Sonne drücken auf mein Tempo.

Auf der Landspitze steht der Leuchtturm von 1986 neben seinem fünfzig Jahre älteren kleineren Kollegen. Das Bild erinnert ein bisschen an Dick und Doof. Im Hinterland des Leuchtturms wird gebaut. Residentensiedlungen haben den Montaña Roja im Würgegriff.

Rubicón
Wo die Berge glühen

Irgendwann endete die Bebauung. Hinter den letzten Butzen führt ein Trampelpfad weiter an der Küste entlang. Hierher verirrt sich kaum ein Tourist. Der nächste Strand ist fast zehn Kilometer entfernt. Allerdings steht in allen Reiseführern, dass man in den Gumpen - natürliche Wannen in der schwarzen Felsküste - baden kann. Kann man. Wenn man weiß, was man tut, überlebt man das sogar. Einige Touristen, die meinten, das bisschen hereinschwappender Atlantik sei doch auch nur Wasser, und das habe ihnen noch nie geschadet, durften herausfinden, ob es ein Leben nach dem Tod gibt. Die Brandung sollte man ernst nehmen – gerade in den Wintermonaten.

Ich stolpere durch die Rubicón-Ebene. Die Vulkane am Horizont sollten nach den Gesetzen der Physik näherkommen. Das lassen sie zu meinem Verdruss bleiben. Die riesige Ebene ist weitgehend menschenleer. Nur hier und da stehen vereinzelt Häuser. Die karge Einöde wirkt einschüchternd. Die Kulisse bleibt immer gleich: rechter Hand die Ajaches, links das Meer und vor mir in weiter Ferne die Feuerberge. Zeit wird hier zur Illusion. Ich stelle mir vor, ewig immer weiter zu gehen - mit kargen Gedanken in karger Landschaft.

Eines der wenigen Gebäude dieser Ebene ist ein Hotelkomplex. Der bröckelt vor sich hin. Er ist Landmarke und zugleich Fremdkörper. Niemand erbarmt sich dieser Ruine und räumt sie weg. Einige Zeit später erreiche ich die Meerwasserentsalzungsanlage für den Inselsüden. Die erste Anlage wurde 1964 nordöstlich von Arrecife gebaut. Die *Desalinizadora* verschlingt Unmengen Erdöl, ehe sie Trinkwasser ausspuckt. Seit zwanzig Jahren wird die Anlage zu einem Drittel vom Parque Eólico, dem einzigen Windpark der Insel, gespeist.

Wasser war auf der Insel schon immer ein Problem. Erst vor fünfzehneinhalb Millionen Jahren wuchs die Insel aus dem Meer. Geologisch gesehen ist sie damit ein Teenager. Ihr Gestein ist noch zu porös, um Grundwasser auszubilden – und von oben tröpfelt es meist nur. Mit wenig mehr als hundert Millimetern Niederschlag pro Jahr ist Lanzarote die trockenste der Kanarischen Inseln. Davon fallen zwei Drittel von Januar bis März. Dann allerdings kann der Regen heftig ausfallen. Im

gebirgigen Norden kann das Dreifache des Inseldurchschnitts runterkommen. Dort treffen die Passatwolken auf das Famara-Massiv, dessen
höchster Punkt es auf immerhin 671 Meter bringt. Die Feuchtigkeit aus
den Wolken reicht aus, um in diesem Gebiet Landwirtschaft in Form
von Trockenfeldbau zu betreiben. Die Feuchtigkeit reicht ebenfalls aus,
um im Tal der tausend Palmen in der Gegend um Haría einen für Lanzarote ungewöhnlichen Anblick zu schaffen. Mit den vielen Palmen -
Angehörige der kanarische Dattelpalme *Phoenix canariensis* - und der im
Frühling üppigen Vegetation findet man in diesem Tal eine *grüne Oase*
auf der ansonsten sehr vegetationsarmen Insel.

Wie haben die Inselbewohner in der Zeit vor den *Desalinizadoras* überlebt? Die Antwort ist simpel. Sie sammelten das bisschen Wasser, das
vom Himmel kam. Dazu bauten sie *Acogida*, große befestigte Flächen -
an Berghängen, in Hausnähe und auf dem Dach. Sie mündeten in *Ajibe*,
das waren große Zisternen. Noch heute sind diese befestigten Flächen
landschaftsprägend. Restaurierte Anlagen sind unweit der Entsalzungsanlage, vor der ich gerade stehe, im schmucken Dorf Yaiza zu besichtigen. Genutzt werden sie nur noch selten. Das gilt auch für die Stollen,
die in das Famara-Massiv getrieben wurden. Noch in den 1950er Jahren
deckten sie ein Viertel des Wasserbedarfs. Unterhalb von Haría haben
die wackeren Lanzaroteños auch einen Staudamm gebaut. Das ist eine
auf der Nachbarinsel Fuerteventura noch heute weit verbreitete Metho-
de. Dort bringt es auch was. Hier hat sich die Mühe nicht gelohnt.

Durch den in den Tourismus stieg der Wasserbedarf sprunghaft an.
Ehe die Meerwasserentsalzungsanlagen gebaut wurden, holten sich die
Lanzaroteños ihr Trinkwasser mit Tankschiffen von Gran Canaria und
Teneriffa. Hier sind die Berge hoch, hier regnen die Passatwolken ab.
Eine nachhaltige Lösung des Wasserproblems war das nicht – und eine
teure zudem. Bei dem heutigen Wasserbedarf lägen im Hafen von Ar-
recife die Tankschiffe in einer endlosen Kette, die bis zur Nachbarinsel
reichen würde.

Seit Sommer 2007 wird Trinkwasser aus dem Meer umweltfreundlich
hergestellt. Siebzig Kubikmeter täglich. In einer schwimmenden Entsalzungsanlage. Allerdings in der Ägäis - vor der Insel Iraklia.

Von der Meerwasserentsalzungsanlage ist es noch eine Weile hin bis
zum nächsten Strand. Klippen begleiten mich. In denen haben Insulaner ihre Zelte aufgeschlagen und feiern lautstark die *Semana Santa*. Ich

grüße und klettere weiter. Am Playa de Janubio ist fast nichts los. Ein durchgegarter Sportstudiotyp baut sich vor seiner fröstelnd zusammengekauerten zierlichen Begleiterin auf. Der Pfau kann es nicht besser. Es folgen Verrenkungen, die für Normalsterbliche nicht ohne Bekanntschaft mit dem Notarzt ausgehen würden. Ich spiele lieber Wettrennen mit dem Atlantik. Nur Lebensmüde gehen hier baden. Das rücklaufende Wasser versucht, mich in den Atlantik zu ziehen. Ich flüchte und besetze eine der wenigen Strandburgen. Während mein Reis vor sich hin kocht, genieße ich das Alpenglühen an den Ajaches. Die Lagune glitzert im Abendlicht. Radio Atlantis stellt mit der Beatles-Schnulze „I once had a girl or should I say she had me." die Tonspur. Kurze Zeit später ist es stockfinster. "Niemand ist je nachts in den Salinen gewesen, in den Salinen von Janubio. Das Abenteuer wäre sehr gefährlich. Deshalb weiß ich nicht, wie die Salinen von Janubio des Nachts aussehen. Aber ich habe nie geglaubt, dass sie unter den Sternen diese strenge Ordnung beibehalten können. Bestimmt räkeln und strecken sie sich, zerknittern sich Kleidung und Seele. Bestimmt suchen sie verzweifelt die außergewöhnlichen, unregelmäßigen Formen, die die Geometer noch nicht erforscht haben Bestimmt entledigen sie sich ihrer gradlinigen Kleidung und ziehen das Kleid der konvexen und konkaven Kurven an." (Agustín Espinosa Garcia).

Salinen gab es auf Lanzarote früher viele. Kein Wunder. Die Insel liegt mitten in einer schier unerschöpflichen Ressource: dem Atlantik. Er besteht zu beinahe vier Prozent aus Salz. Noch heute macht Meersalz dreißig Prozent der Weltsalzproduktion aus, beim Rest handelt es sich um Steinsalz. Übrig geblieben sind nur die Salinas de Janubio vor mir und die Salinas de los Agujeros bei Guatiza im Inselnorden. Die Salinas de Janubio wurden restauriert und sind heute als *Sitio de Interés Científico* geschützt – ein Ort von wissenschaftlichem Interesse. Noch bis in die 1970er Jahre wurden hier zehntausend Tonnen Meersalz pro Jahr gewonnen. Dieses Salz wurde hauptsächlich von einheimischen und spanischen Fischfangflotten zur Konservierung genutzt. Es ist angesichts der Stille und Einsamkeit des Ortes kaum zu glauben, aber zeitweise waren hier mehr als einhundert Arbeiter am Werk. Heute gewinnen zehn Salzbauern rund zweitausend Tonnen Meersalz pro Jahr.

Der Ostersonntag beginnt mit einer Wolkendecke, die von der aufgehenden Sonne erleuchtet wird. Kaum ein Auge aufgetan, wühle ich schon nach meiner Kamera und renne vor zu den Brackwasserteichen,

48

in denen sich der Sonnenaufgang violett spiegelt. Über die Ajaches wabert eine Wolkenwand auf Las Brenjas zu. Die Szene erinnert ein bisschen an *The Fog – Nebel des Grauens*. Ehe säbelschwingende Piraten die Chance erhalten, mir einen ungemütlichen Tag zu bereiten, packe ich. Am Ende des Strandes wird vielsprachig vor dem Baden gewarnt. Für Leute, die es eher mit Signalen haben, weht noch ein rotes Wimpel im Wind. Ehrlich gesagt bin ich noch nie auf die Idee gekommen, hier mehr als meine Fußspitzen ins Meer zu setzen. Die ersten Angler sind unterwegs und belagern bereits die Klippen. Wenig später, an den Los Hervideros, kraxeln die ersten Touristen herum. In die *Kochlöcher* schießt der Atlantik. Es sind Kammern, die der Lavastrom des letzten großen Ausbruchs hinterlassen hat, als er auf das Meer traf. Das geht nicht ohne Getöse ab. Wer im Winter kommt, spart sich die Dusche. Heute gluckert der Hexenkessel friedlich vor sich hin. Auf der Straße ist noch wenig los. Gut für mich. Auch hier sind die Straßenplaner nicht auf die Idee gekommen, dass sich jemand zur Fortbewegung seiner Füße bedienen könnte.

Nirgends zeigt die *Perla Negra* mehr Farbe als in der kleinen Bucht südlich des Fischerdörfchens El Golfo. Die smaragdgrüne Lagune *Charco de los Clicos* liegt wie ein Auge am beigefarbenen Kraterrand des teilweise im Meer versunkenen Vulkans *Montaña de Golfo*. Das Meer schäumt weiß auf den schwarzen Lavastrand und Richtung Dorf färbt sich der Kraterrand rot. Leider gilt auch hier Wolf Schneiders Satz: „*Wo es schön ist, sind die Touristen. Und dann ist es nicht mehr schön.*" Zu Stoßzeiten treten sich die Besucher gegenseitig auf die Füße. Dagegen hilft geschicktes Timing: Wenn der Pauschaltourist das Buffet stürmt, lässt es sich hier gut aushalten.

Kurz hinter der Bucht überholt mich die erste Rennradfahrergruppe des Tages. Auf der Insel treffen sich früh im Jahr Profis und Ambitionierte. Dort, wo sie bitumenverseucht ist, muß man nur bis drei zählen, ehe die ersten auftauchen.

Am Aussichtspunkt vor El Golfo sammelt der erste Reisebus seine Touristen bereits wieder ein. Parfümwolken wehen über den Parkplatz. Der Passat treibt sie in die Weiten des Atlantiks. In El Golfo warten die Fischrestaurants bereits auf Kundschaft. Am Strand entledige ich mich meines Rucksacks. Schwerelos geworden lege ich mich in den warmen Sand. Inzwischen scheint die Sonne. Meine Füße fühlen sich an, als hätten sie Blasen so groß wie Kartoffeln. Ich beschließe, diesem eindeutigen Signal nachzugeben und suche mir einen Lagerplatz. Bis zum Abend ziehen Wanderer an mir vorbei. In der Nacht machen Möwen klar, wem der Landstrich gehört. Im Tiefflug schweben sie über mein Lager und zetern. An anderen Küsten der Kanaren sind sie anders drauf. Im Süden von Fuerteventura habe ich sie später als Wegelagerer erlebt, die sich fordernd vor Badetouristen aufbauen, statt Fische zu fangen.

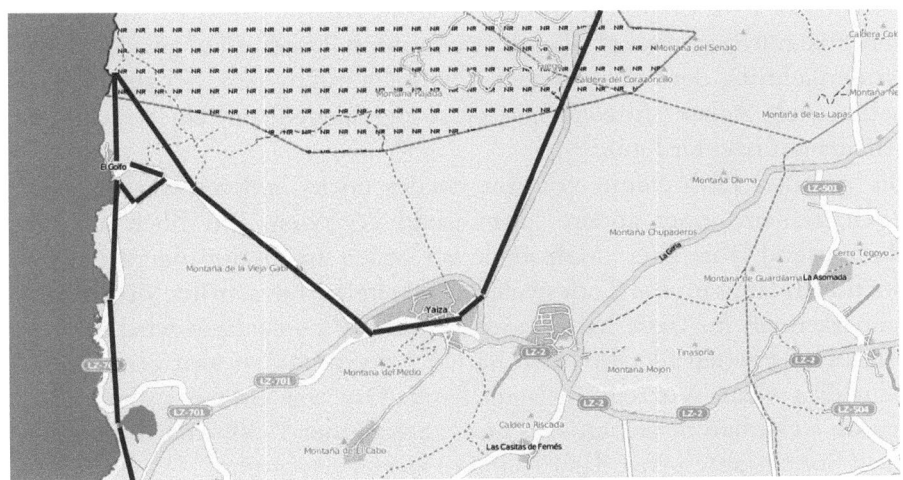

Timanfaya
Das Familiensilber

Am nächsten Morgen folge ich den mäandernden Trampelpfaden durch das Lavameer des letzten großen Ausbruchs zum Playa del Paso. Dort beginnt die *Ruta del Litoral*. Sie führt über neun Kilometer an der Küste des Nationalparks entlang. Es ist die einzige Nationalparkwanderung, die man auf eigene Faust unternehmen darf.

Lanzarote polarisiert die Besucher in zwei Gruppen: jene, die im Minimalismus einer reduzierten Landschaft zu sich selbst finden - und jene, denen das *negro y blanco* so auf den Senkel geht, dass sie sehr bald beginnen, von glücklichen Kühen auf grünen Weiden zu fantasieren. Nichts ist lieblich hier. Unberührt lässt die Landschaft kaum jemanden. Das gilt ganz besonders für den *Parque National de Timanfaya*. Dessen Einöde wird nur durchbrochen durch die *Montañas del Fuego*. Die Feuerberge sind umgeben von einem Lavameer, das an den Rändern im Atlantik versinkt. Eine bis zu zehn Meter dicke Lavaschicht bedeckt den einst fruchtbaren Boden. Sie wird so bald auch nicht verschwinden. Die Jahrtausende kriechen verdammt langsam vorbei, während die Flechten sich an den Lavafelder zu schaffen machen und dicke Bretter bohren. Hier musste die Vegetation wieder ganz von vorne beginnen - auf der untersten Entwicklungsstufe. Anspruchslose Moosflechten überziehen das Lavageröll. Rot, orange, gelb und hellgrün leuchtet es aus dem ewigen Schornsteinfegerschwarz. Rund zweihundert Unterarten gibt es – ein Artenreichtum, der nur Spezialisten wirklich interessiert. Schade, den so haben viele Äcker Mitteleuropas einst angefangen: mit einer Flechtenarmada auf nackter Lava.

Bis auf den Lavafeldern vor mir wieder etwas anderes wächst, wird noch das eine oder andere Jahrtausend vergehen. Ein Blick auf das fünftausend Jahre ältere Malpais de la Corona im Inselnorden zeigt, wie unendlich langsam die Todeswelt der erkalteten Lavaströme den Nationalpark noch im Griff haben wird. Tausende von Jahren wird es dauern, bis die zähen Flechten den harten Untergrund so weit zersetzt haben, dass Gras Wurzeln schlagen kann. Das war einmal anders. Hier wurde Ackerbau betrieben - bis am 1. September 1730, wenige Stunden nach Sonnenuntergang, das Erdinnere zu rülpsen anfing.

Andrés Lorenzo Curbelo, damals Pfarrer von Yaiza, beschrieb die *Apokalypse*: „*Am 1. September 1730 brach die Erde zwischen 9 und 10 Uhr in der Nacht auf, und schon am anderen Morgen hatte sich ein Berg von beträchtlicher Höhe gebildet. Nur wenige Tage später öffnete sich ein zweiter Schlund, aus welchem Lava hervorstürzte, und gen Norden über zwei Dörfer hinlief, anfangs schnell wie Wasser, dann aber schwer und langsam wie Honig.*

Am 11. September erneuerte sich die Wuth der fließenden Lava, verbrannte und bedeckte gänzlich ein Dorf, und stürzte dann mit grässlichem Getöse ins Meer. Die Fische schwammen todt an der Oberfläche und wurden in unglaublichen Mengen ans Ufer geworfen. Am 18.October brachen drei neue Oeffnungen auf, stießen dicke Rauchwolken aus und streuten eine unglaubliche Menge Lapillen, Asche und Sand weit umher, während überall dicke3 Wassertropfen niederfielen.

Am 28. October, nachdem diese Erscheinung 10 Tage angedauert hatte, viel das Vieh todt zu Boden, von stinkendem Dunste erstickt. Kein Lavastrom scheint diesen Ausbruch begleitet zu haben.

Vom 1. November bis 20. December brachen unaufhörlich Rauch, Asche und Laven hervor, und am27. November wälzte sich ein Strom mit großer Geschwindigkeit herunter, erreichte am 1. Dezember das Meer und bildete dort eine Insel.

Am 16. und 17. Dezember veränderte die Lava ihren Lauf, verbrannte ein Dorf und verwüstete die fruchtbare Ebene von Uga.

Am 7. Januar 1731 fanden neue Ausbrüche statt, und am 10. Januar ward ein hoher Berg aufgeworfen, der an demselben Tag mit unglaublichem Gepolter in seinen eigenen Krater wieder zusammenstürzte. Dieser Ausbruch dauerte fort bis zum 27. Januar.

Am 3. Februar erhob sich ein neuer Kegel. Die Lava lief bis zum 28ten unaufhörlich fort, verbrannte abermals ein Dorf und erreichte das Meer. Am 7. und 20. März stiegen andere Kegel auf und da dieselben überhaupt sich fast regelmässig von Osten weiter nach Westen hin erheben, so scheint, als sei die Spalte im Innern durch die Ausbrüche immer weiter geöffnet worden. Später jedoch kehrten die Ausbrüche wieder häufig zu ihrem Anfangspunkte zurück. Diese Laven flossen bis zum 31. März.

Am 6. April fanden heftige Ausbrüche mit Lavagüssen satt und am 23. April stürzten zwei Schlackenberge mit entsetzlichem Krachen zusammen.

Am 2. Mai ward ein neuer Hügel aufgeworfen, die Lava floss jedoch nur bis zum 6. Mai.

Am 4. Juni öffneten sich drei Mündungen auf einmal, ungefähr da, wo die Montaña del Fuego steht. Die Oeffnungen verbanden sich sehr bald zu einem einzigen sehr hohen Kegel, ein Lavastrom brach hervor und erreichte das Meer. Am Ende des Juni bedeckten sich die Gestade und Ufer der Insel auf dem westlichen Theile mit einer unglaublichen Menge von sterbenden Fischen. Gegen Nordwest von Yaiza aus sah man viel Rauch und viele Flammen unter fürchterlichen Detonationen aus dem Meere emporsteigen.

Im October und November ängstigten nicht wenige bedeutende Ausbrüche die Einwohner der Insel; am 25. December fühlte man das stärkste aller Erdbeben und am 28. Dezember kam aus einem aufgeworfenen Kegel ein Lavenstrom, welcher welcher abermals ein Dorf verbrannte und selbst bis Yaiza vordrang, wo er eine Kapelle zerstörte. Jetzt verloren die Menschen alle Hoffnungen, dass die Insel je wieder zur Ruhekommen könnte und flohen nach Grande Canaria. In der That dauerten auch die Ausbrüche ohne Unterbrechungen noch volle 5 Jahre fort bis zum April 1736. "

Ein Viertel der Insel verschwand unter Lava, Bergen aus Asche, Lapilli und vulkanischen Bomben. Nach sechzehn Monaten hatte der Dorfpfarrer genug gesehen. Er setzte sich – in alttestamentarischer Tradition - an die Spitze des Exodus. Es ging nach Gran Canaria. Viele schifften sich dort nach Übersee ein. Die Nachbarn im Westen hatten mehr Gottvertrauen. Sie trugen dem Lavastrom *Nuestra Señora de Dolores* entgegen. Ihr Gott hatte ein einsehen und verschonte Mancha Blanca. Künftig hieß die Statue *Nuestra Señora de los Vulcanos*. Dort, wo der Lavastrom stoppte – Pardon: gestoppt wurde – bauten die Dörfler ihr eine schöne Kapelle. Noch heute stehen die schwarze Madonna und ihre Kirche dort. Einmal im Jahr feiert die gesamte Insel mit der Madonna das Ereignis. Es ist der ultimative Event auf der Insel, vom Karneval abgesehen.

Ich will durch das Lavameer laufen, Lanzarotes Faszination in seiner extremsten Form erleben. Beschilderung: Fehlanzeige. Mit Wanderern, die hier unorganisiert rumlaufen, lässt sich weniger Geld verdienen als mit dem Massentourismus auf den Feuerbergen. Ich folge dem plausibelsten Trampelpfad. Zunächst ist er mit feinem Lavagekrösel befestigt. Toll, denke ich: ein Wanderpfad! Nach wenigen Meter ist jedoch Schluss mit Lustig. Ich folge den Spuren derer, die vor mir einen Weg durch dieses unwegsame Gelände suchten. Deutliche Spuren wechseln

mit Verblockungen ab, die ich mühevoll umklettere. Nach über einer Stunde sehe ich auf den Playa del Paso hinab. Dort steht ein Geländewagen und einen Augenblick später vor mir ein Zweibeiner: *¿Dónde es -* offensichtlich die verkargte Version von *¿De dónde eres? („Woher kommen Sie?")* Aus der Disco sicher nicht. Freundlich klingt die Frage nicht – eher nach *„Was zum Teufel haben Sie hier zu suchen?"*. Ich versuche, dem wackeren Kämpfer für Natur und Umwelt klar zu machen, wo ich lang will. Keine Chance. Auch mein Wanderführer überzeugt den Parkranger nicht. Er weist vage Richtung Uga und bedeutet mir uncharmant, dass ich mich dorthin verpissen soll. Ich habe nicht wirklich alles verstanden. Mein Spanisch ist ausbaufähig. Und mit Englisch kann ich dem Parkwächter nicht kommen. Sein ausgestreckter Arm ist jedoch eindeutig. Ich mache mich weisungsgemäß vom Acker und kraxle über Lavafelder Richtung Uga. Das ist nicht vergnügungssteuerpflichtig – weder gut für mich noch für die Flechten. Kaum eine halbe Stunde später brüllt mich aus weiter Entfernung noch ein Naturschützer an. Der kommt von der Umweltbehörde. Sein Kollege hat ihn vermutlich angerufen. Er lässt mich die Kraft seiner gefühlten Autorität spüren und belehrt mich langatmig, dass das hier europäisches Vogelschutzgebiet sei. Er behandelt mich wie einen Schwerverbrecher: Ausweiskontrolle, Ablichtung, Androhung martialischer Strafen. Huch? Ich ein Umweltsünder? Der Herr der Vögel kann sich nur mühsam beherrschen. Ob er sich auf Null zurücksetzen lässt? Wohl kaum. Ich schalte auf meinen Servilitätsmodus – eingeübt in vielen Nachtportiersnächten. Allerweltsmöven kreisen am Himmel. Sie fliegen auf dem Rücken und halten sich den Bauch vor Lachen. Ich ringe um Fassung.

Nach meinem unerfreulichen Zusammentreffen mit der Obrigkeit laufe ich zurück nach El Golfo und nehme dann die Straße nach Yaiza. Als ich die *Dos Picos* erreichte, ist es bereits spät am Tag. Ich klettere hoch und lege meinen Biwaksack hinter einen aufgeschütteten Wall. Vor mir breitet sich das Panorama der Feuerberge aus. Nachts sehe ich die Scheinwerfer der patrollierenden Ranger. Das Halogenlicht ihrer Suchscheinwerfer streift mich mehrfach. Dezent kriecht mir die Paranoia den Rücken hoch. Meine Dosis Parkwächter hatte ich bereits. Mehr muss nicht sein. Ich drücke mich flach auf den Boden.

Der nächste Morgen beginnt mit einem grandiosen Sonnenaufgang über dem Nationalpark. So könnte jeder Tag anfangen. Radio Atlantis teilt mir mein Tageshoroskop mit: *„Sie werden mit Fantasie Auswege aus einer ausweglosen Situation finden und ihr Selbstvertrauen wird wachsen."* Mehr davon! Stunden später, als mir Leihwagen und Busse entgegenfegen, war es mit meiner Laune nicht mehr weit her. Was trieb mich auf diese bescheuerte Route? Genau, der Parkwächter und sein Freund von Medio Ambiente. Mit jedem Reisebus, der mich von der Straße fegt, wird meine Stimmung schlechter.

In Yaiza angekommen, mache ich erst einmal Pause. Ich setze mich auf eine Bank direkt vor der Gemeindeverwaltung, die für die Betonverkrustung der Küste verantwortlich ist. Es ist ein schöner Platz, einer meiner Lieblingsplätze auf der Insel. Bäume spenden Schatten, Touristen sind hier nur Zaungäste. Ohnehin karrt man sie hier nur zur Mittagszeit an. In langer Schlange verschwinden sie schnell im Dunkel des Restaurants gegenüber. Von Zauber der Gemeinde Yaiza bekommen sie nichts mit. Abgefüttert im Restaurant werden sie im Touristenschnickschnackladen nebenan noch einige Souvenirs kaufen – und dann zügig wieder in den Bus steigen, der sie in ihr Touristenghetto zurückbringt.

Yaiza erhielt mehrfach die Auszeichnung *„Schönste Gemeinde Lanzarotes"*. Das ursprüngliche Dorf wurde beim großen Vulkanausbruch von der Lava verschluckt – ebenso die meisten seiner fruchtbaren Flächen. Heute lebt die südlichste Gemeinde der Insel vom Tourismus und vom Weinanbau. Der Massentourismus findet an der Küste statt: in Playa Blanca. Von dort werden Touristen zwar auch ins Dorf gekarrt – sie bleiben aber nicht lange. Einträglich ist auch der Weinanbau. Das größte Anbaugebiet der Kanaren liegt teilweise auf dem Gemeindegebiet. *La Geria* - ein Landschaftsgemälde von geometrischem Gleichmaß. Es wurde in den 1960er Jahren vom Museum of Modern Art zum Gesamtkunstwerk erklärt. Seine Entstehung verdankt es den Feuerbergen. Die spukten hagelgroße poröse Körner aus Vulkangestein bis zu dieser Hochebene. Landwirtschaft war damit gegessen – bis die findigen Lanzaroteños im wahrsten Sinne des Wortes auf den Trichter kamen. Sie gruben

trichterförmige Löcher in die bis zu zweieinhalb Meter dicke Schicht und setzten Reben hinein. Die gedeihen bis heute prächtig, weil im porösen Gestein nachts die feuchte Luft kondensiert. Die Lapillischicht (*picón* genannt:) verhindert tagsüber, dass der Boden wieder austrocknet.

Die Reben werden vor dem Passatwind zusätzlich durch halbkreisförmig angeordnete Mäurchen aus rabenschwarzem Vulkangestein geschützt. Aus den Mulden leuchtet das Blattgrün der Rebstöcke als wolle es beweisen, dass sich das Leben gegen die Gewalt der Naturkräfte immer wieder durchsetzt In einem lanzaroteñischen Lied heißt es: *"...hier werden in der kargen Erde Herzen kultiviert..."*
Die hier erfundene Anbaumethode fand Nachahmer auf der ganzen Insel. Bauern bedeckten fortan den fruchtbaren Boden mit diesem wasserspendenden Gekrösel. Das ist allerdings eine aufwendige Angelegenheit. Zur Aussaat muß die Lapillischicht runter vom Acker. Und danach wieder drauf. Das geht nur solange gut, bis die Poren verstopft sind. Danach muss neues Gekrösel her. Angefressene Berge sind der Preis, den die Insel dafür zahlen muss. Auch als Dekoration in den Tourismusfabriken sind die Lavabröckchen beliebt, da sie den Markenkern der *Perla Negra* bequem vor das Hotelzimmer bringen.

Hinter Yaiza führt die einzige Straße durch den Nationalpark. Sie wurde 1950 angelegt. Franco hatte seinen Kreuzzug für ein faschistisches Spanien schon lange beendet und offenbar Sehnsucht nach seinem ehemaligen Militärdistrikt, in den ihn die Republik abgeschoben hatte. Offensichtlich kam er nicht zu Fuß – denn Fußgänger sieht das Asphaltband nicht vor. Wo es endet, beginnt scharfkantige Lava. Reisebusse und Mietautos fegen mich von der Straße. Solche Probleme waren dem Caudillo fern. Der Diktator wurde bis zum heutigen Restaurant gekarrt, wo ihm die Nummer mit dem Reisigbündel und der Kraterspalte vorgeführt wurde. Leicht paranoid, wie alle Tyrannen, soll er gefragt haben: *„Wie habt ihr es nur angestellt, dass dieser Trick so gelungen ist?"* Ich erspare mir auch heute diesen Touristenrummelplatz inclusive Ruta de Los Volcanos – ein Trip, zu dem Touristen in Reisebusse gepfercht werden, mit opulenter klassischer Musik aus grässlichen Bordlautsprechern beschallt vierzehn Kilometer durch die Feuerberge gekarrt werden.
Als ich kurz hinter dem Teufelchen – dem von Manrique entworfenen Wahrzeichen - das Ende des Nationalparks erreiche, bin ich erleichtert: keine Parkwächter mehr. Die Erleichterung ist nur von kurzer Dauer. Die nächste Möglichkeit, wieder zur *seaside* zu kommen, ziert ein Schild, das auf den Parque National de los Volcanos hinweist: ein ZEPA-Schutzgebiet. Ich habe genug davon und sehe rot. Dennoch laufe ich

weiter. Hier ist es verboten, mit dem Auto zu fahren. Nach wenigen Minuten kommt mir der erste Touristenwagen entgegen. Besonders irritierend sind die in unregelmäßigen Abständen auftauchenden Parkbuchten.

Dennoch: auf der Rückseite des Nationalparks erlebt man Lanzarotes Stille, die Kafka widerlegt, der im Prag des Jahres 1915 schrieb „*So viel Stille, wie ich brauche, gibt es nicht oberhalb des Erdbodens.*". Hier gibt es sie. Oft bläst ein starker Wind. So auch heute. Oberhalb von Tenezara, bei einem verlassenen Haus, finde ich eine Mulde, die ihn mir vom Leib hält. Das Dorf wird selten von Touristen besucht. Es entstand erst in der zweiten Hälfte des letzten Jahrhunderts als Fischereiaußenstelle und Sommerfrische der Leute aus Tinajo. Heute belagern nur ein paar Angler die felsige Küste. In der Dorfmitte steht am Strand ein Verschlag, eine Art Gemeinschaftszentrum. Hier sitzen die Alten, trinken weißen Rum und spielen Domino. Freundlich nicken sie mir zu. Am zweiten Tisch spielen ihre Frauen Karten. Kein Fischrestaurant weit und breit. Die Lavazunge des letzten Ausbruchs leckt am Dorf – das freilich zur Zeit des Ausbruchs noch nicht existierte. Im Westen hängen kalkweiße kubische Häuser am Klippenrand. Seit 2009 ist die Küstenbehörde Costas hinter den Butzenbesitzern her. Ihre Lobby ist übersichtlicher als die der Hotelbesitzer.

Am nächsten Morgen wache ich in einem Kühlschrank auf. Es ist es kalt und windig. Dem begegne ich mit Bewegung. Zwei Kolkraben begleiten mich, als ich den Pfad am Hang des Montaña Tenezara hochächze. Von dort soll ein Weg zur Costa de Tinajo hinunterführen. Die Aussicht ist grandios. Den Südwesten bestimmt das Lavameer - von Islotes durchbrochen - das Bild, begrenzt durch die Caldera Blanca. Vulkane ragen wie Inseln aus den Lavafeldern. José Saramago sagte: "*Diese Insel ist voller Gegensätze. Sie gibt einem alles oder nichts. Mich hat sie angenommen. Ich bin ihr Adoptivsohn. Hier zu leben, ist ein unbezahlbares Privileg*" Seit 1993 lebte der von seiner Regierung enttäuschte portugiesische Literaturnobelpreisträger José Saramago mit seiner andalusischen Frau auf Lanzarote. Manchmal ging er wandern. Seine Besteigung des Montaña Blanca im Lavameer vor mir beschrieb er: "*Ich hatte gar nicht vor, die Montaña Blanca zu besteigen, denn es herrschte ein starker, böiger Wind, was die*

unangenehmste Art ist, beim Wandern durchgepustet zu werden. Aber als ich dann hinkam, konnte ich nicht widerstehen. Seit Anbeginn der Welt weiß man, daß Berge dazu da sind, bestiegen zu werden, und dieser da wartete schon sehr lange darauf. Er hatte sogar zugelassen, das die Erosion ihn immer wieder durchpflügte und auf diese Weise Risse, Stufen und Vorsprünge schuf, und das alles nur, um mir zu helfen, ihn zu besteigen. Es erschien mir unfair, ihm die kalte Schulter zu zeigen, und so stieg ich hinauf. Das Schlimmste war, wie gesagt, der Wind. Beide Füße fest gegen den Boden gedrückt und den Körper nach vorn geneigt, war es nicht kompliziert. Aber sobald man einen Fuß hob, um vorwärts zu gehen und womöglich die Hände nichts fanden, um sich festzuhalten, konnte das schon mal ein beunruhigendes Gefühl von Schwerelosigkeit auslösen. Noch befremdlicher war das Gefühl, wenn man kurz vor dem Gipfel war und dann um keinen Preis mehr weiter konnte. Nicht, weil der Weg so schwierig gewesen wäre, sondern, weil der Weg direkt in den Himmel zu führen schien, ohne je aufzuhören."

Nach einer Stunde finde ich mich in der Caldera des Montaña Tenezara wieder. Früher wurde sie landwirtschaftlich genutzt. Heute geben die aufgelassenen Agrarflächen ein trauriges Bild ab. Am Kraterrand habe ich erneut ein grandioses Panorama vor mir. Der Aufstieg hat sich damit zweifach ausgezahlt. Die vorgelagerten Inseln reihen sich wie Perlen am Horizont auf. El Jable breitet sich vor mir aus, die schwindelerregenden Famara-Klippen begrenzen den Horizont. Halb versteckt hinter dem Montaña Bermeja liegt der Club *La Santa*, am Hang breiten sich die weiß gekalkten Häuser von Tinajo und Tiagua aus. Unten angekommen erwartet mich Unerfreuliches - eine inzwischen gesperrte Müllkippe. Hier rottet eine bunte Mischung vor sich hinrostender Autos, Kühlschränke und halben Wohnungseinrichtungen vor sich hin. Auf einer breiten Piste laufe ich zur Küste. Am Punta los Cuchillos hängen zwei Hütten in den Klippen, die der Küstenschutz bislang übersehen hat. Ein Pfad führt an den Klippen entlang zum Montaña Bermeja. Dessen nordöstliche Hälfte ist stark angenagt. Auch hier wurde das begehrte schwarze Geröll abgebaut. Zur Förderung des Tourismus hat sich die Inselregierung etwas ganz besonderes einfallen lassen. Ein Schild mit einem Piktogramm, das ein Fernglas darstellen soll, weist dezent darauf hin, dass man vom Berg eine gute Fernsicht hat. Hatte ich bereits. Ich verzichte auf die Besteigung und mache mich auf den Weg nach La Santa. Natürliche Salzpfannen zwischen pittoresken

Felsen begleiten mich. Dazwischen sucht ein Einheimischer nach Napf-schnecken. Das ist ein Volkssport auf der Insel. Am Ortsrand von La Santa wird gebaut. Bereits fertige Apartments warten auf Käufer. Zum Ort führt eine Straße, die als Palmenallee angelegt ist und erahnen lässt, dass bald auch die noch leer stehenden Flächen bebaut sein werden. Im Hafen liegen Fischerboote. Tourismus findet an der Südostküste statt. Nur wenige Investoren haben es gewagt, auch diesen Teil der Insel zu erobern. Zu heftig weht der Passat. Die sturmerprobten Skandinavier hat das nicht abgeschreckt. Zwei Anlagen haben sie gebaut. Die eine ist bis heute ein voller Erfolg, die andere – direkt an den Famara-Klippen – dümpelt vor sich hin.

Die Strandstraße führt zum Clubhotel *La Santa Sport*. Rennradfahrer und Jogger kommen mir entgegen. Einige davon sehen nicht mehr be-sonders gut aus. Zwei Wochen Sporthotel alleine machen den Couch-potato nicht fit. Später grüßt mich ein Fotograf mit Clublogo am Po-loshirt. *„Australian?"* – wohl wegen meines schmucken Rangerhutes. *„No, German." „Freedom, liberty!"* ruft er mir fröhlich entgegen. Gute Laune und angenehm lockerer Umgang miteinander sind im Club Pro-gramm. Ob ich das jeden Tag aushalten würde, weiß ich nicht. Für den Moment macht es mich glücklich. Zu verdanken habe ich den Glücks-moment einem evangelischen Pfarrer aus dem dänischen Nest Tjäre-borg. Eilif Krogager missionierte Skandinavien seit der Mitte des letzten Jahrhunderts. Seine Kapellen waren jedoch nicht die Kirchen, sondern Reisebusse, später auch Flugzeuge. Er brachte den nicht eben sonnen-verwöhnten Nordmännern und –frauen Spaniens Traumstrände näher. 1973 errichtete er den Club. Erst zehn Jahre später erhielt er seine heu-tige Gestalt.

Im Club kann man sich mit Sportgeräten martern und hat die Gelegen-heit, echten Olympioniken zu begegnen. Vor allem im Winter schlagen sie hier ihr Trainingscamp auf. In der *Hall of Fame* auf der Website des Clubs kann man eine beeindruckende Ansammlung von Weltmeistern und Olympiasiegern bewundern, darunter die Schwimmlegende Micha-el Groß. Seit 1992 richtet der Club auch den *Ironman Lanzarote* aus. In deutlich unter zehn Stunden kraulen sich hier jährlich im Mai die Ei-senmänner und –frauen durch den Atlantik, um sich unmittelbar da-nach laufend und radelnd über die Straßen der Insel zu quälen.

Vor dem Club nehme ich die Straße zur Pferdebucht *Caleta de Caballo*, da ich den Uferpfad nicht auf Anhieb finde. Die Siedlung wirkt verlassen. Ein Hund bellt mich in seinem Käfig an, ein Pärchen sonnt sich am Dorfstrand, am Ortsende steht ein deutscher Rentner und unterhält sich mit seiner Tochter. Hier ist der Trubel der Touristenzentren Lichtjahre entfernt.

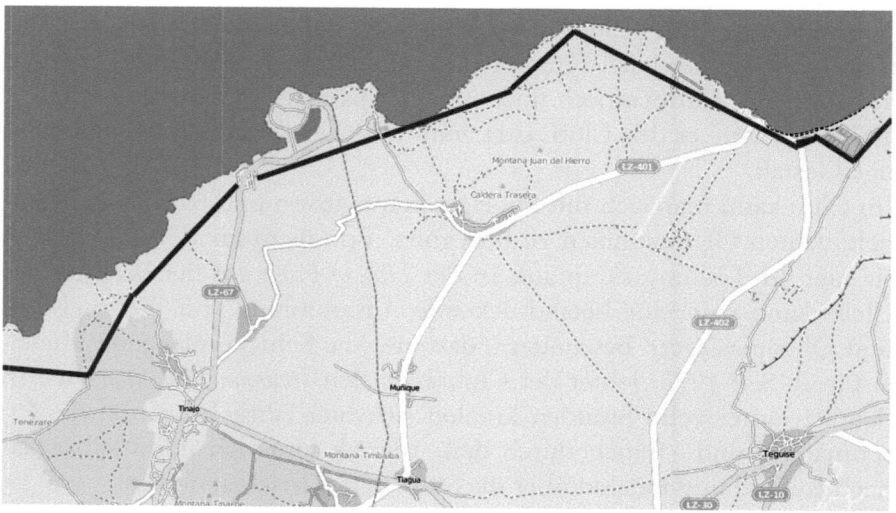

El Jable
Die Sandwüste

Hinter dem Dorf Caleta de Caballo (Pferdebucht) beginnt der *Parque Natural del Archipélago Chinijo*. Der Naturpark zeichnet sich durch seine Vogelwelt aus: Fischadler, Eleonoren- und Wüstenfalken, Gelbschnabel-Sturmtaucher, Sturmschwalben und Schmutzgeier. Ein Paradies für Vogelfreunde. Zum Naturpark gehören die unbewohnten Inseln Alegranza, Montaña Clara, Roque del Este, Roque del Oeste und die einzige bewohnte Insel La Graciosa. Letztere hatte ich Jahre zuvor mit meinem Freund Uli besucht - und bin, wie könnte es anders sein, einmal drumherum gelaufen. Das war bei neun Kilometern Länge und fünf Kilometern Breite ohne nennenswertes Gepäck in einem Tag getan. ,*Die Anmutige'* – so taufte sie der Eroberer Jean de Béthencourt – geriet oft ins Visier der Baulöwen. Eine streitbare Bürgermeisterin hat verhindert, dass sie sich die Insel unter den Nagel rissen. Wer hier Urlaub machen will, muß auf Sterneluxus verzichten. Dafür gibt es Ruhe und Abgeschiedenheit satt. Das einzige Hotel wird von einer Insulanerin geführt und hatte jedenfalls vor zehn Jahren Toiletten und Duschen noch auf dem Gang. Der Blick auf die Famara-Klippen wiegt das allemal auf. Zudem ist die kleine Schwester Lanzarotes fast autofrei. Das ist ein ins Auge fallender Gegensatz zur großen Schwester. Die hat die höchste Autodichte nach Hongkong. Zwei Läden versorgen mit dem Nötigsten. Natürlich ist alles etwas teurer als auf der Hauptinsel. Schließlich müssen sich alle – Mensch und Ware – erst durch die Wellen kämpfen. Einige private Apartments gibt es auch – und einen Campingplatz mit Klippenblick. An den sollte man jedoch keine allzu hohen Ansprüche stellen. Anmelden muß man sich offiziell bei der Bürgermeisterin. Der Platz liegt am oft menschenleeren Bahia del Salado – in Fußgängerentfernung zum Hafen. Der Hauptort der Insel hat gerade Mal siebenhundert Einwohner. Sie fischen Touristen und Meeresgetier. Landwirtschaft findet auf der Insel kaum statt. Wie auch? Das Wasser kommt von der großen Schwester per Pipeline. Die ist nur einen Kilometer entfernt.

Zurück zu meiner Wanderung, die mich durch die Sandwüste vor den Klippen führt. Der Wind hat kleine, mit schwarzer Lava gesprenkelte

Dünen zusammengefegt. Sand ist hier keine Mangelware. Bei den Insulanern heißt Sand *jable*. Das haben sie vermutlich vom *sable* des normannischen Eroberers abgeleitet. Hier – auf dem einsamen Küstenpfad - bläst mir der Wind Sand in die Augen. Ohne diese Sandwüste säßen die Urlauber im Touristenzentrum Puerto del Carmen auf nacktem Fels. Nordöstliche Passatwinde haben über Millionen von Jahren den feinen Sand nach Süden getragen.

Mein Wanderführer veranschlagt für die Strecke bis Caleta de Famara drei Stunden. Vier monotone Stunden sind es für mich. Ich begegne niemandem. Selbst die Angler haben für diesen Tag beschlossen, die Fische andernorts zu füttern. Um den Pico Colorado drehen zwei Gleitschirmflieger ihre Runden. Immerhin kommen die Famara-Klippen stündlich näher. Irgendwann kann ich sogar den berüchtigten Höhenweg durch die Klippen erkennen. Der ist in die Klippen gebaut worden, um die Salinen auf dem Landweg zu erreichen. In schwindelerregender Höhe zieht er sich durch die Klippen. Noch ehe die Salinen wirtschaftlich nicht mehr genutzt wurden, hat man es aufgegeben, ihn von den ständigen Hangrutschungen und Steinschlägen zu befreien. Es war schlicht zu teuer. Heute findet man dort nur noch sehr mutige Wanderer.

Famara
Wind, Wellen und Surfer

Kurz vor dem Fischerdorf Caleta de Famara grenzen die Siedler von Bajamar ihre teuren Grundstücke mit Bohlen und allerlei Strandgut weiträumig vor dem Rest der Welt ab. Auf eine Planke hat jemand *Privado* gekritzelt, gut zweihundert Meter vor den ersten Grundstücksmauern. Legal ist das nicht, aber offensichtlich haben sich bisher das Medio Ambiente und die Küstenschutzbehörde noch nicht an dieser Landnahme gestört. Die sind ja auch damit beschäftigt, harmlose Wanderer zu jagen.

Kurz dahinter stehen zwei Zelte und mehrere Wohnwagen am Strand. Das Ganze macht den Eindruck eines provisorischen Campingplatzes. Sogar eine zweispurige Zufahrt mit Schlagbaum ist vorhanden. Ich nehme an, dass der leicht erregbare Herr von der Umweltbehörde wenig dagegen haben wird, wenn ich in einer der Strandburgen meinen Schlafsack ausrolle. Ein Angler fährt in der Dämmerung an mir vorbei und verschwindet kaum eine Stunde später. War wohl nix. Vor einem umgebauten Kastenwagen macht sich der Besitzer ein Feuer. Ich hoffe auf ein Alpenglühen der Famara-Klippen. In den entscheidenden Minuten kurz vor Sonnenuntergang ziehen Wolken auf. Pech. Meine von den Wanderschuhen befreiten Füße führe ich im feinen Sand des Strandes in der Brandung spazieren. Sie belohnen mich mit einem stetig nachlassenden Schmerz.

Am nächsten Morgen präsentieren sich die Klippen in grauem Schattenriss. Missmutig brühte ich meinen Kaffe auf, packe und mache mich auf den Weg ins lanzarotenische Hochland. Unterdessen warten die ersten Surfer auf bessere Wellen - schlechtgelaunt auch sie. In Caleta de Famara frische ich meine Vorräte im Dorfladen auf. Die staubige Hauptstraße ist Richtung Klippen nicht mehr geteert. Hinter dem Ort beginnt der längste Strand der Insel. Inzwischen kommt die Sonne raus. Nur über den Klippen hängt noch ein dichtes Wolkenband. Als ich den Strand auf der Höhe der Urbanización erreiche herrscht hier schon reges treiben. Zwei Kitesurfer drehen ihre verwegenen Runden. In Reih und Glied liegen die Bretter einer Surfschule am Strand, während gut

zweihundert Meter vor der Küste Surfer auf ihren Brettern liegen und auf vernünftige Wellen warten. In der Urbanización wird renoviert, bis auf die Bauarbeiter wirkt sie jedoch verlassen. Das Restaurant ist zwar geöffnet, hat aber nur zwei Gäste. Der Supermarkt hat aufgegeben. Die unvermeidlichen Leihwagen drehten in dieser Geisterstadt ihre Runden. Oberhalb der Urbanización verläuft die Piste zu den Salinas del Rio, die sehr bald zu einem Steig wird. Ich gehe bis zum letzten Gehöft, wo sie noch sehr breit und befahrbar ist. Kettenhunde lassen mein Herz höher schlagen. Einige hundert Meter später lässt sich der Weg durch das Kliff bereits gut überblicken und mehr will ich nicht gesehen haben. Fünfzehn Gehminuten später, so sagt es der Wanderführer, wird der Weg nicht mehr gewartet. Felsrutsche blockieren ihn, Hände müssen zur Hilfe genommen werden. Hinsichtlich der weiteren Strecke erlaube ich mir, den Wanderführer von Rolf Goetz zu zitieren: *„Weitere Engstellen folgen, wir befinden uns mitten im Kliff auf etwa 170 Meter Höhe, der Weg ist stellenweise recht abschüssig und fällt zum Teil steil zum Meer ab."* Ende der Durchsage. Mir reicht das, um hier umzukehren.

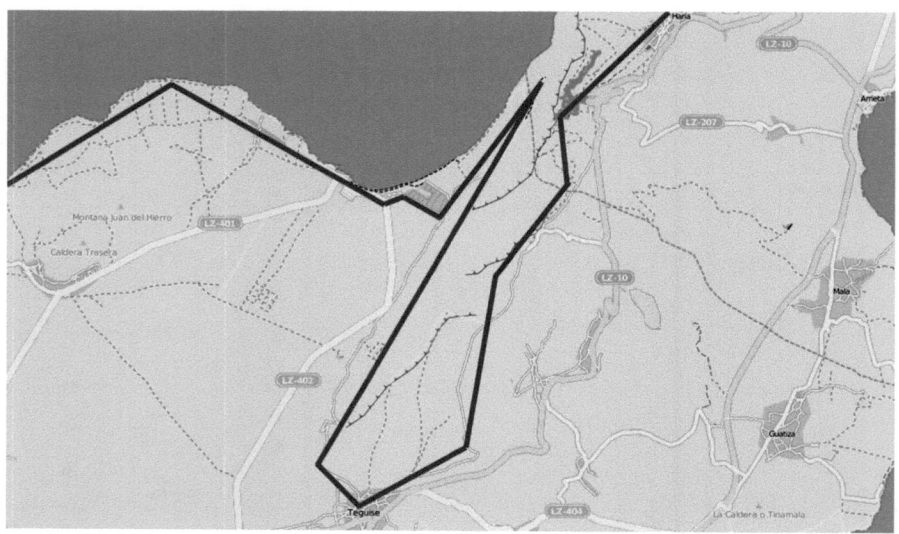

Risco de Famara
Wolkenfänger

Die Piste führt mit moderater Steigung hoch zur alten Inselhauptstadt Teguise. Maciot de Béthencourt, der Neffe des Eroberers, nahm sich die Tochter des letzten Guanchenkönigs Guadarfia zur Lebensgefährtin. Sie hörte auf den schönen Namen Teguise. So wurde aus dem Acatife der Guanchen die königliche Stadt *Real Villa de Teguise*. Als ich den Bergrücken erreiche, quert eine Ziegenherde die Piste. Links der Piste steht ein Wachturm, rechts davon frisch gekalkt und mit einem neuen roten Ziegeldach versehen die Eremita de San Rafael. Das Eremitentum gehört zu den ältesten Formen gottgeweihten Lebens. Ihre Motivation für die Einsiedelei bezogen sie aus der Wüstentheologie des Alten Testaments, dass die vierzigjährige Wüstenwanderung mit einer Herzenswandlung verband. Es ist zugleich die früheste Form des christlichen Mönchtums in Europa. Seit 1674 steht die Eremita hier. Mehr bringe ich leider nicht über sie in Erfahrung.

Der Wind weht kalt über den Klippenrand. Da es inzwischen Abend geworden ist, beschließe ich, die christliche Tugend der Gastfreundschaft in Anspruch zu nehmen und setze meinen Rucksack im Windfang vor dem Eingang der Eremita ab. Er ist rundum mit einer Steinbank versehen, die gerade so breit ist, dass ich darauf liegen kann. Während ich auf der Bank sitze und die nur von wütendem Hundegebell durchbrochene Ruhe genieße, zieht die Abendfähre nach Puerto del Rosario zwischen dem Zonzamas und seinem Nachbarn Montana Mina vorbei. Die Sonne geht hinter den Feuerbergen unter. Während ich über die Felder laufe, um den Sonnenuntergang zu fotografieren, fährt ein Leihwagen vor. Ich bin ohne Stativ losgerannt und kehre zurück, um es zu holen. Dabei sehe ich, wie er seine Haselblad und ein Stativ vom Feinsten aufbaut. Idee gut, Ausführung miserabel. Ich bin nicht ohne Grund die fünfhundert Meter Richtung Klippenrand gerannt. Davor zieren nämlich zwei wenig fotogene Strommasten die Szene. Es reicht eben oft nicht, sich eine Kamera der Extraklasse leisten zu können, um gute Aufnahmen zu machen.

In der Nacht wache öfter auf, falle sogar einmal auf das Pflaster. Mit einem schläfrig halb geöffneten Auge sehe ich, dass die Nacht klar ist.

Die Wärme des Tages strahlt ins Weltall ab. Es ist erbärmlich kalt. Irgendwann habe ich die Nase voll, mir in meinem Sommerschlafsack den Hintern abzufrieren. Mitten in der der Nacht stehe ich auf und krame alles aus dem Rucksack, was ich noch anziehen kann.

Der nächste Morgen beginnt bleigrau. Selbst das Meer im Osten schließt sich dieser Tristesse an. Ich habe schon gepackt und sitze noch eine Weile auf der Bank, als ein Motorgeräusch näher kommt. Ein Pickup hält direkt vor mir. Der Fahrer und zwei ältere Damen steigen aus. Meine Anwesenheit scheint sie nicht zu irritieren. Sie packen die Stühle von der Ladefläche und schließen die Tür zur Eremita auf. Der Raum ist kahl. Ich beschließe, dass es Zeit ist, diesen gastlichen Ort zu verlassen und ihn den Ritualen der Ankömmlinge zu überlassen.

Ich gehe hinunter nach Teguise. Die zweitälteste spanische Siedlung der Kanaren - Betancuria auf Fuerteventura ist zwei Jahre älter – wirkt an diesem frühen Morgen noch sehr verschlafen. Ein Arbeitstrupp des Ayuntamiento ist am Ortseingang mit Verschönerungsarbeiten beschäftigt. Sie bessern Steinwälle aus und füllen Blumenkübel mit Lapilli. Das geht alles mit großer Gelassenheit vor sich. Im Palacio Ico hämmert und sägt es.

„Explosivos Rio Tinto". Makabre Hinterlassenschaften der Bergbaufirma gab es für die Lanzaroteños noch im vergangenen Februar im Ort: Arbeiter fanden bei Ausschachtungsarbeiten am Friedhof von Arrecife eine verwitterte Kiste mit achtzehn Dynamitstangen. Die stammen noch aus jener Zeit, als die Firma die Schürfrechte für die ganze Insel besaß und die Absicht hatte, in großem Stil Basalt und Vulkan-Asche abzubauen. Zum Glück für Inselbewohner und Touristen gab Rio Tinto die Abbaupläne auf. Sonst sähe die Insel heute ziemlich angefressen aus.

Aus der geöffneten Tür der *Universidad de las Palmas de Gran Canaria – Campus Universitario de Teguise* dringen lediglich gedämpfte Stimmen. Es riecht muffig. Das Campusleben findet im verborgenen Inneren statt. Ich fühle mich als Eindringling und wende mich dem Kirchturm der Iglesia de Guadalupe zu. Der gehört den Tauben, die unermüdlich gurren und ihr Lebensziel darin sehen, das sakrale Gebäude langsam zuzukacken. Das ist auch in Aachen und Köln eine ihrer Lieblingsbeschäftigungen. In der Kirche – deren erste Version bald nach der spanischen Eroberung erbaut wurde - bekreuzigen sich die ersten Besucher. Linker

Hand in der Ecke hockt Jesus auf einem Eselchen, das ihn kaum trägt. Christlich durchwabert ist das ehemalige Guanchendorf seit seiner Inbesitznahme durch die spanischen Eroberer. Es war der zweite Bischofssitz des Archipels. Der erste liegt an den Stränden im Süden.

Hinter der Pfarrkirche erinnert die *Callejon de Sangre* (Blutgasse) an ein unchristliches Ereignis. Im Jahre 1568 plünderte der nordafrikanische Pirat *Morato Arraez* die Stadt. Wer nicht ermordet wurde landete auf den Sklavenmärkten der Mauren. Das *Castillo de Santa Bárbara* auf dem Vulkan *Guanapay* hoch über der Stadt konnte dies nicht verhindern. Der strategisch gut ausgewählte Standort sollte die Bewohner vor Piratenangriffen warnen und schützen. So kann man bis zur West- und Ostküste Lanzarotes, zur heutigen Inselhauptstadt Arrecife, zum Timanfaya-Nationalpark im Süden und zur Insel La Graciosa im Norden sehen. Trotzdem fiel die Festung mehrmals in die Hände von Piraten und wurde zerstört. Bis ins 18. Jahrhundert wurden rund zwanzig Raubzüge gezählt. Inzwischen sind Piraten in dieser Weltgegend ausgestorben, nicht jedoch die Faszination gelangweilter Strandurlauber für die Seeräuber. Daher war es folgerichtig, aus der Festung ein Piratenmuseum zu machen. Das *Museo del Emigrante Canario* (Emigrantenmuseum) musste in die heutige Inselhauptstadt umziehen.

Während ich die Stadtmitte über die *Leon y Castillo* verlasse - der hiesigen Version der Rüsselsheimer Klappergasse – lichtet sich die dichte Wolkendecke. Sie trifft auf die bereits stark befahrene Calle José Béthencourt. Weshalb die ehemalige Inselhauptstadt sich bis heute ihrer normannischen Eroberer erinnert, ist mir ein Rätsel. Ein Drachenblutbaum steht mitten in der ehemaligen Inselhauptstadt. Es ist einer der wenigen, die es auf der Insel gibt. Urtümlich wirkt die Verzweigung des *Dracaena cinnabari*. Aus einem alten Trieb wachsen jeweils zwei neue hervor - wie bei Drachen der Sagenwelt, wenn ihnen der Kopf abgeschlagen wird.

Hinter Teguise tauchen die Windräder des Parque Eólico auf. Seit zwanzig Jahren gewinnt man hier mit knapp fünfzig Windrädern Strom für die Entsalzungsanlage der INALSA (Insular de Agua de Lanzarote) am Hafen von Arrecife. Eigentlich sollten weitere Projekte folgen. Eigentlich. Die Agrarlandschaft rund um Teguise wird noch weitgehend bewirtschaftet. Am Straßenrand blüht und grünt es. Zwischen picónbedeckten Lauch- und Maisfeldern gehe ich hinauf zur Eremita de Los Nieves. Früher war sie ein populärer Wallfahrtsort. Zu Ehren der heiligen Schneejungfrau (*Virgin de las Nieves*) wurde alle vier Jahre eine Prozession zu der Einsiedelei mit der besten Aussicht auf der Insel veranstaltet. Die Inselbewohner dankten damit für den Winterregen. Seit die INALSA den Regen macht, hat sich das wohl erübrigt. Von Prozessionen in den Hafen von Arrecife und die Rubicón-Ebene ist mir nichts bekannt.

Hinter der Eremita bedeckt ein prächtiger Blütenteppich die Hochfläche: Frühlingsidylle. Ich lege mich ins dünne Gras. Vereinzelt sieht man auf dieser Hochfläche auch den wilden Ölbaum *Olea europaea*. In der Vergangenheit sollen Lorbeerwälder die Hochflächen bedeckt haben. Auch versuchen am Mirador de Bosquecillo einige Kanarische Kiefern *Pino canariensis* als sturmgeplagte Büsche zu überleben.

Hinter der Eremita hält das spanische Militär den höchsten Punkt der Insel besetzt. Von der mit Abhöreinrichtungen besetzten Spitze fallen die Klippen fast siebenhundert Meter steil zum Meer ab. Ich gehe um den Golfball herum. Unten auf der Straße nach Haria herrscht relativ wenig Verkehr. Ehe ich sie erreiche, biege ich Richtung Klippen zum Mirador de Bosquecillo ab. Die Serpentinen zu laufen wäre keine gute Idee. Mein Wanderführer verspricht einen Pfad, der durch das Kerbtal des Barranco de Elvira Sanchez hinunter nach Haria führt. Am Aussichtspunkt stehen Bänke in Terrassen. Die Inselregierung müht sich, das namensgebende Wäldchen wieder wahr werden zu lassen. Es wird aufgeforstet. Langsam arbeite ich mich den Barranco hinunter, oft mit zehn steilen Höhenmetern bis zu dem dünnen algenbewachsenen Rinnsal, das bald endgültig versiegt. Bald gibt die Schlucht den Blick frei auf den Montaña Corona – dem Wahrzeichen des Inselnordens. Die jüngste Erhebung des Famara-Gebirges hat vor drei- bis fünftausend Jahren den Inselnorden mit einem riesigen Lavafeld - *Malpaís de la Corona (schlechtes Land des Corona)* überzogen.

Haria
Manriques letzte Zuflucht

Die kanarische Dattelpalme *Phoenix canarensis* prägt das Landschaftsbild des Hochtals. In das *Tal der tausend Palmen* verzog sich Manrique vier Jahre vor seinem Unfalltod. Er zog in ein von ihm renoviertes Bauernhaus am südwestlichen Dorfende - enttäuscht von einer Entwicklung, die aus ihm einen Mythos mit Mehrwertgarantie gemacht hatte, auf sein Wort aber schon lange keinen Wert mehr legte. Seine ehemalige Schülerin, die Architektin Bettina Bork, lebt immer noch hier. Und sie hat ihren Lehrer noch lebhaft in Erinnerung. In einem Interview mit dem Deutschlandradio erzählt sie: *"Wenn Manrique da war und ein Hochhaus gesehen hat - der Teufel war los! Ich hab gesehen, da sind die Apartments in Costa Teguise runtergeladen worden, mit Kränen, als Beton-Einheit - und dann raste der da hin und hat die Handwerker beschimpft, hat das Arbeitsmaterial durch die Gegend geschmissen - man muss sich den vorstellen wie Luis de Funes - und dann wurde klar gestellt, wer da illegal die Apartments übereinander setzte."* Heute leitet Bettina Bork eine kleine Herberge, die zugleich Atelier und Begegnungsstätte ist. César Manrique selbst liegt seit fast zwanzig Jahren auf dem Friedhof des Dorfes in einem unspektakulären Grab. Es ist äußerst schlicht: ein dunkles Picón-Beet mit ein paar kleinen Kakteen und einer Palme, darauf ein Vulkanstein mit der Inschrift „*Cesar Manrique 1919 – 1992*". Das besuche ich heute nicht. Es zieht mich zum Dorfplatz, dem *Plaza León y Castillo*. Es ist einer der schönsten Plätze der Insel. Unter seinen Lorbeer- und Eukalyptusbäumen lässt sich Entspannung leben. Ich sitze lange auf einer Bank und schaue mit anderen Müßiggängern dem unaufgeregten Treiben zu. Irgendwann meldet sich der Magen. Gegenüber gibt es glücklicherweise einen kleinen Supermarkt. In dem lasse ich mich dazu überreden, eine Art getrocknetes Maisbrötchen im Sixpack zu kaufen, hergestellt in Guatiza unten im Tal. Das Zeug schmeckt gewöhnungsbedürftig maisig-malzig – nichts für meinen Gaumen. Ich laufe einige Meter weiter zur *Plaza de la Constitución,* wo mich Bauten aus dem 19. Jahrhundert erwarten. Die etwas deplaziert wirkenden klassizistischen Bauten stammen aus der Zeit, als das Dorf vorübergehend Sitz einer verfassunggebenden Versammlung war. Langsam wird es Zeit, dass ich mir einen Lagerplatz zu suche. Ich

laufe aus dem Dorf heraus und finde eine Ecke, in der ich meinen Biwaksack ausrollen kann. Am nächsten Morgen liegt Haria in einem unwirklichen Licht vor mir. Gespenstisch dunkle Wolken wabern über die Klippen. Dabei werden sie schräg von der aufgehenden Sonne erleuchtet. Die gekalkten Häuser von Haría leuchten mit den Palmen um die Wette. Unter dunklen Wolken laufe ich weiter nach Máguez. Das ist ein ruhiger und freundlicher Wallfahrtsort mit überdimensioniertem Kirchplatz. Unter Palmen und Indischen Lorbeerbäumen versammeln sich die Pilger am vorletzten Junitag zu Ehren des Ortspatrons San Pedro. Zwischen Feldern laufe ich weiter an Guinate vorbei zu dem winzigen Dorf Yé. Es befindet sich am Fuße des Montaña Corona inmitten einer fruchtbaren Hochebene. Seine stumpfe Kegelform ist weithin sichtbar und ein Wahrzeichen des Inselnordens. Montaña Corona gehört zur jüngeren Epoche vulkanischer Aktivität auf Lanzarote und hatte seine aktive Phase vor etwa drei- bis fünftausend Jahren. Seine Eruptionen veränderten die Topografie in der Umgebung erheblich. Der wesentliche Teil seiner Lavamassen floss nach Osten Richtung Meer ab und bildete das unwegsame Lavafeld *Malpaís de la Corona (schlechtes Land des Corona)*. Hinter Yé steige ich auf einer Piste in ein kleines Tal hinab. Die Piste führt über die Casas La Breña nach Orzola.

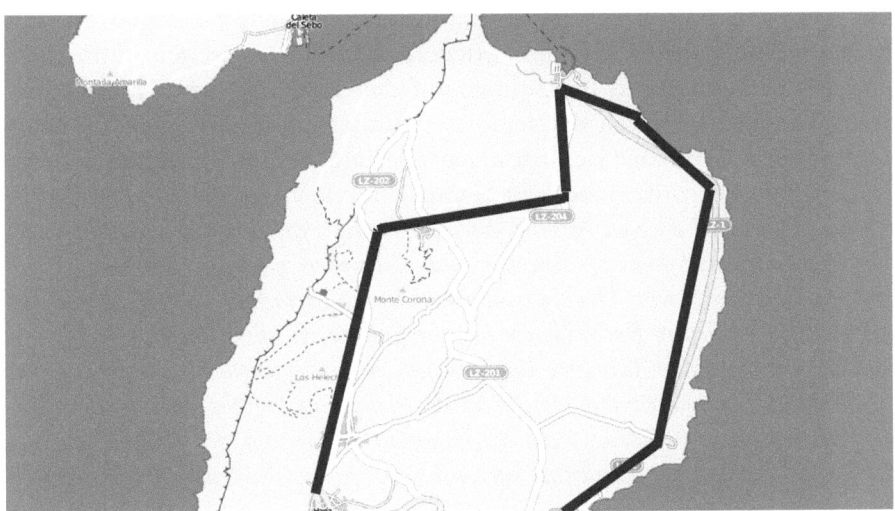

Orzola
Fischer, weiße Strände und Malpais

Einige Ferienapartments, einige Fischrestaurants und ein kleiner Fischereihafen – das ist Orzola. Das Dorf hat weniger als dreihundert Einwohner. Die Touristenzentren sind weit weg, Costa Teguise etwa dreißig Kilometer. Eine kleine Personenfähre hält die Verbindung zur Nachbarinsel. Nach einer halben Stunde wankt man in Caleta del Sebo vom Schiff. Die Überfahrt ist nichts für schwache Mägen – jedenfalls im Winter. Wenn der Boden dann nicht mehr wankt, ist man wirklich angekommen.

Südöstlich von Orzola liegen kleine, zum Baden geeignete Buchten mit weißem Sand, *Caletónes* genannt. Ich frische im Dorfladen meine Vorräte auf und laufe zu den Stränden. Der Strand, an dem ich übernachte, ist jetzt im Frühjahr kaum besiedelt. Nur wenige Touristen liegen im Windschutz kleiner Strandburgen. In der Dämmerung wird die Burg nebenan besiedelt. Mein neuer Nachbar sieht aus wie ein Marokkaner. Er hat seinen Sohn dabei. Nach Strandurlaub sieht nicht aus, was er da macht. Er schleppt Wasserkanister in seine Burg. Davon könnte man mehrere Familien durch die Woche bringen. Aus Strandgut bastelt er ein Dach. Danach passiert nichts mehr. Sollte ich diese Nacht Zeuge, wie hier ein marodes Cayuco mit fünfzig Bootsflüchtlingen an den Strand gespült wird? Bis zum Niedergang der spanischen Wirtschaft landeten siebentausend Flüchtlinge auf den Kanaren – pro Monat! Alberto Vázquez-Figueroa hat seine Verwunderung über unsere Verwunderung, dass Afrikaner sich immer wieder auf den gefährlichen Seeweg zu den Kanaren aufmachen, in einem Interview dargelegt: *„Die Berberstämme haben sich dagegen gewehrt, dass die Rallye Paris-Dakar weiterhin durch ihr Gebiet läuft und dabei die Brunnen und alles weitere zerstört. Es schien mir ein wichtiges Thema zu sein: Denn wir wundern uns, dass täglich ganze Gruppen von verzweifelten Leuten in Paddelbooten aus der Sahara zu uns kommen. Doch selbst schicken wir einmal im Jahr eine Phalanx von mehr als tausend Leuten da runter, die ihren Reichtum dort verschwenden, wo die Armut am größten ist. Und die Menschen dort denken: Na klar, wenn die Europäer all das auf sich nehmen, nur um sich zu amüsieren, was würden sie uns nicht alles geben, wenn wir für sie arbeiten.*

Es ist absurd. Wen um Himmels Willen interessiert es eigentlich, das irgendjemand, von dem du noch nie in deinem Leben etwas gehört hast, als erster ins Ziel kommt oder sich in irgendeinem verlorenem Dorf im Niger den Kopf einschlägt? Wen? Die großen Firmen, die überall in der Welt ihre Zigaretten- und Alkoholwerbung in die Zeitungen setzen wollen."

Als ich am nächsten Morgen aufwache, ist mein Nachbar verschwunden. Was auch immer in der Nacht passierte – ich habe es verschlafen. Ich koche mir mein Koffeingetränk und wache dabei langsam auf. Während ich an meinen Frühstückskeksen nage, bekomme ich Besuch. Ein Mini-Dinosaurier freundet sich mit mir an. Kekskrümel spielen dabei eine nicht unerhebliche Rolle. Artgerecht ist die Fütterung nicht – aber sie macht Spaß. Bei Landwirten gilt die Ostkanareneidechse *Gallotia atlantica* als Plage. Sie hat Insekten zum Fressen gern. Dagegen hat keiner etwas. Sie kann aber auch vegetarisch überleben. Gefräßig fällt sie über die mühsam in der Picón-Lapilli-Trockenkultur hochgepäppelten Tomaten her. Sie nimmt aber auch andere Kulturpflanzen.

Ich verabschiede mich von meinem neuen Freund und laufe am frühen Morgen den menschenleeren Strand ab. Danach mache mich auf den Weg Richtung Süden. Über die Lavafelder des *Malpaís* zu laufen ist keine gute Idee. Es würde weder meiner körperlichen Unversehrtheit noch dem sensiblen Ökosystem gut tun. Im Übrigen ist das *Malpaís* Naturschutzpark. Das Malpais darf nicht bebaut werden – und auf ihm herumtrampeln darf man auch nicht. So bleibt mir nur, Asphalt zu fressen. Richtig entspannend ist das nicht, denn Fußgänger sind hier nicht vorgesehen. Vielleicht, so hoffe ich, erbarmt sich die Inselregierung und baut einen Küstenwanderweg. Dem sanften Tourismus würde das nicht schaden.

In diesem unzugänglichen *Malpaís* beidseits der Straße nach Arrieta versteckten sich die Insulaner vor den Piraten. 1618 flog ihr Versteck jedoch auf. Die Piraten Jabán und Solimán entdeckten sie in den Cuevas de los Verdes, den Höhlen der Familie Grün. Es handelt sich um ein Teilstück des längsten bekannten Lavatunnels der Welt. Tausend Inselbewohner sollen sich damals dort versteckt haben. Heute versteckt sich niemand mehr im Tunnel. Im Gegenteil: die Inselregierung lässt keine Möglichkeit offen, ihn zu vermarkten. Es dürfte der einzige

Lavatunnel sein, in dem man Tschaikowski, Modern Jazz auf Weltniveau und traditionelle kanarische Musik mit der Tiemple hören kann. Im Grunde ist der sieben Kilometer lange Tunnel das Auspuffrohr des Corona. Seine Vulkangase haben sich hier den Weg gesucht. Einen kleinen Abschnitt hat Manrique zum Touristenattraktion ausgebaut. Im tiefgrünen Salzsee der *Jameos del Agua* lebt ein blinder weißer Krebs - dreihundert Meter vor der Küste. Normalerweise kommt er nur in einer Wassertiefe von mehreren tausend Metern vor. Hier schaut er sich die vorbeipilgernden Landbewohner aus einer Tiefe von wenigen Metern an. Das ist kurzweiliger. In einer der gewaltigen Höhlen entstand vor zwanzig Jahren ein Auditorium mit sechshundert Sitzplätzen, das wegen seiner hervorragenden Akustik häufig als Konzertsaal genutzt wird. Hier tagte auch die *World Conference on Sustainable Tourism*, ein Gremium von Vertretern aus achtzig Ländern. In einer Charta einigten sich die Teilnehmer auf Richtlinien für eine Tourismusentwicklung, die nicht nur wirtschaftlichen Nutzen ins Auge fasst, sondern auch ökologisch vertretbar und mit den sozialen Gegebenheiten der jeweiligen Länder vereinbar sein soll. Ob die Arbeit an den Hotelneubauten wenigstens während der Konferenz eingestellt wurde?

Arrieta
Juan de Léon Perdomo: einmal Argentinien und zurück

Am Punta de Mujeres - dem „*Kap der Frauen*" – kann ich die Straße endlich verlassen. Im Fischerdorf ist Hektik ein Fremdwort. Einige Apartments bieten den Touristen Unterkünfte an. Überlaufen ist der Ort nicht. Das hängt auch damit zusammen, dass es den nächsten Badestrand erst nach drei Kilometern in Arrieta gibt. Hier ist die Küste felsig. Nach Arrieta führt mich eine Strandpromenade.

Wenn sie an ihren Stränden stehen denken Insulaner gern, sie stünden am Rand der Welt. Die Lanzaroteños sind anders. Die andere Seite des Atlantiks war für die vielen Generationen das Versprechen eines besseren Lebens. Es ist sicher übertrieben, wenn kanarische Historiker behaupten: „*Kuba und Venezuela sind kanarische Erfindungen.*" Tatsache ist jedoch, dass zu Beginn des 20. Jahrhunderts die Hälfte der Bevölkerung auf Kuba kanarischer Abstammung war. Und in Venezuelas Hauptstadt Caracas lebten etwa eine Million Canarios. Wer allerdings damals noch auswanderte, musste sich für einen Hungerlohn auf Kaffeeplantagen und Zuckerrohrfeldern verdingen. Für diese späten Wirtschaftsflüchtlinge wurde der Traum vom Auswandern oft zum Albtraum. Rafael Arozarena beschreibt in seinem Roman „*Mararía*" die Gedanken des Heimkehrers Alonso: „*Wie groß meine Freude war, nach zwölf Jahren auf meine Insel zurückzukommen, können Sie sich vorstellen. Doch plötzlich zog sich mir das Herz zusammen bei dem Gedanken, wie bettelarm ich zurückkehrte. Ich brachte nur ein Bündel schmutziger Wäsche mit, ein paar alte Hosen und eines dieser Hemden, die wir auf Kuba Guyaberas nannten. Verstehen Sie! Und das nach zwölf Jahren Arbeit, von morgens bis abends, und unter großen Strapazen. Alles umsonst. Um dann krank und gescheitert heimzukehren.*"

Zu den wenigen, die ihr Glück in der Ferne machten, zählt der in Haría geborene Juan de Léon Perdomo. Am kleinen Fischereihafen seine *Casa Juanita*. Er hat das Blaue Haus 1915 in Auftrag gegeben. Als seine Tochter Juanita an Tuberkulose erkrankte, riet der Arzt zu gesundem Seeklima. Daher kehrte Perdomo aus Argentinien zurück. Sein Haus ist bis heute das einzig bemerkenswerte an dem Fischerdorf. Zwei Jahre lang beherbergte es das *Museo de Africa*. Inzwischen steht es wieder leer.

Vorbei an den Restaurants der Uferstraße laufe ich zum Playa de la Garita, dem mit achthundert Metern längsten Strand hier im Inselnorden. Er beginnt mit einem langen Steg. Früher wurden hier Tanker gelöscht. Heute freuen sich die Wellenreiter, dass es ihn gibt. Sie müssen sich nicht mühsam in die Wellen paddeln, sondern können das bequem zu Fuß erledigen. Am Strand entledige ich mich meines Rucksacks und meiner Klamotten. Das Meer ist frisch, tut mir aber gut nach dem langweiligen Fußmarsch durch das Malpaís. Danach lege ich mich in den warmen Sand und döse vor mich hin. Überwiegend spanische Wortfetzen erreichen mich im Halbschlaf. Ein verirrter Ball bringt mich zurück in die Realität. Ich blinzele in die grelle Sonne. Spielende Kinder um mich herum machen altersgemäßen Lärm. Es ist Zeit, aufzubrechen. Der einsame Wolf zieht weiter. Bereits nach wenigen Schritten gehört der Strand alleine mir. Der Küstenstreifen dahinter gleicht einer Sandwüste, hat stellenweise Dünencharakter. Ein Piratenturm wartet noch auf seine Renovierung. Dahinter wird die Küste felsig.

Vor dem Charco del Palo lege ich mich in eine Sandburg. Hier ist eine Siedlung entstanden, die für das katholisch-prüde Spanien untypisch ist. Auf Lanzarote ist es das einzige Gebiet, in dem FKK legal ist. Barbusige Damen trifft man inzwischen fast überall - auch Insulanerinnen. Hier aber ist das Mekka der Nackten. Der künstliche Ort fernab der Touristenzentren gehört ganz den Nackten. Viele Apartment- und Bungalowanlagen sind fest in deutscher Hand. Auf Strandspaziergänge muß man hier jedoch verzichten. Eine winzige, zum Meer hin abgeschirmte Sandbucht ist alles. In die Klippe sind Terrassen geschlagen – mehr Liegewiese gibt es hier nicht.

Kakteensaft gegen Naturfarbstoff: landeinwärts liegt die Cochenille-Region zwischen Guatiza und Mala. Opuntienfelder hinter schwarzen Lavamauern so weit das Auge reicht. Im 16ten Jahrhundert hatten spanische Seefahrer in Mexiko die wohlschmeckenden Früchte des Feigenkaktus und die Schildlaus entdeckt. Den Kaktus brachten sie umgehend mit auf die Kanaren. Die Schildlaus brauchte für den Weg drei Jahrhunderte. Selbst dann noch musste sie bürokratische Hürden nehmen. So ohne weiteres durfte die nützliche Laus nicht ins Königreich. Erst als ein Vertreter der Wirtschaftskammer in Cádiz, ein gewisser Don Ildenfonso Ruíz de Rio, seine Kollegen nach einer zweijährigen Testphase von deren Nützlichkeit überzeugt hatte, bekam sie die

Einreisegenehmigung. Auf die hatten die Mexikaner über dreihundert Jahre gewartet. Daher was es das Mindeste, dass König Ferdinand VII. das Dekret unterschrieb. Damit war die Läusewirtschaft auf Spanischem Boden angekommen. Mit mühsamer Handarbeit entlockt man ihr das damals begehrte Karminrot. Es dauerte noch dreihundert Jahre, ehe die Laus ihren Weg nach Lanzarote fand. Die Laus kurbelte Lanzarotes Wirtschaft an die zuvor wegen einer Mehltauplage eingebrochen war. Bei den armen Viechern sind die Männchen im Vergleich zu den Weibchen winzig. Um das Maß vollzumachen sterben sie nach dem Se: Die geschlüpften Larven saugen an den Opuntien voll. Nach einem kurzen Leben; in dem sie nicht weit herumkommen, schaben die Lanzaroteños sie in mühevoller Handarbeit runter. Anschließend wirft man sie in kochendes Badewasser. Unter heißer Afrikasonne werden sie ausgedörrt und danach zermahlen. Aus dem Pulver wird dann die Karminsäure extrahiert. Hundertvierzigtausend Larven sind nötig, um fünfzig Gramm herzustellen. Maximal sechshunderttausend kann ein Bauer am Tag einsammeln. Doch das lohnt sich nicht mehr. In Süd- und Mittelamerika sind die Arbeitskräfte viel billiger. Trotzdem gehört die Laus zu Lanzarotes Agrarkultur. Um die Tradition zu erhalten subventioniert die Inselregierung die Produktion.

Ich laufe weiter an der Küste entlang. Die Urbanizacíon Los Cocoteros ist nicht in bestem Zustand. Erbaut wurde sie als Touristensiedlung. Heute wohnen überwiegend Insulaner in der Retortensiedlung. In der Saline nebenan wird noch Salz produziert. Die Anlage liegt allerdings verlassen vor mir. Einsam ist auch der Küstenstreifen dahinter. Entlang der niedrigen Klippen laufe ich durch tiefschwarze Lava. So sah es an der Küste der Touristenstadt Costa Teguise aus, ehe die Betonmischer kamen. Ein gut erkennbarer Pfad führt durch das Geröll dorthin. Vor der Touristenhochburg wird es hügeliger. Der Wechsel zwischen Mondlandschaft und Betonlandschaft erfolgt daher unvermittelt. Auf dem Weg zum Playa de los Charcos komme ich an einer Häuseransammlung vorbei, die irgendwie nicht zum Touristenort passen. Die unvermeidlichen Wolfsnachfahren bellen sich die Lungen aus dem Hals. Sie sind angekettet. Die Armen, denke ich. Einerseits.

Costa Teguise
Geplatzt: Manriques Traum vom nachhaltigen Tourismus

Noch vor vierzig Jahren gab es hier nur ein paar einfache Fischerkaten, Salinen und karge Landschaft. Unaufgeregt war das Leben an der Küste im Norden der Inselhauptstadt. Zu verdienen war hier nichts. Überleben war ein täglicher Kampf. Dann kam jemand mit viel Geld. Der damalige Staatskonzern *Unión de Explosivos de Rio Tinto* kaufte die einsame Gegend. Zehn Millionen Quadratmeter für Zwanzig Millionen Peseten. Damals dürfte es wenig gegeben haben, was man sonst noch für zwei Peseten kaufen konnte. Der Konzern hatte bis zum Kauf des Ödlandes mit Tourismus nichts am Hut. Bergbau war sein Geschäft. Er besaß die Schürfrechte auf der gesamten Insel. Die wandelte er in Kaufoptionen um und erwarb Inselstrände in großem Stil. Eigentlich sollten zunächst die Papagayo-Strände dran glauben. Der damalige Bürgermeister von Yaiza meinte jedoch, es sei noch zu früh für Massentourismus. Glück gehabt. Der Konzern wich auf die Küste der ehemaligen Inselhauptstadt aus. Manrique engagierte er als Berater. Hinter der stillgelegten Saline von El Charco entstand unter seiner Mitwirkung das erste Luxushotel der Insel: das *Las Salinas Sol* – heute *Meliá Salinas*. Der Madrider Stararchitekt Fernando Higueras hat es entworfen. Von außen sieht es nicht vielversprechend aus - das Innenleben ist umso spektakulärer. Über fünf Stockwerke rankt es grün, nebenan geht man durch einen Urwald inklusive Feuchtbiotop. Ich gönne mir eine Fünfsterne-Nacht an der Playa de las Cucheras davor.

Mitgemischt hat Manrique auch beim Bau des *Pueblo Marinero* unweit des Luxushotels. So wie hier, mit Bauten im Inselstil, sollte der Tourismus nach seiner Vorstellung entwickelt werden: Gebäude in inseltypischem Weiß mit grünen Fenstern, alle nicht höher als zwei Stockwerke, dazu mit typischen Kaminen. Das war Ende der 1970er. Heute konterkarieren Betonburgen dieses Konzept – und die Vorzeigesiedlung bröselt vor sich hin.

Auch an der Siedlung oberhalb der *Playa Bastián* sollte Manrique mitplanen. Als von ihm verlangt wurde, möglichst viele Touristenunterkünfte zu planen, schmiss er das Handtuch.

Dennoch ist es – im Vergleich mit den Betonbettenburgen drumherum – ganz hübsch geworden. Palmen und gepflegte Lapilli-Gärten bestimmen das Bild. Dahinter, über goldgelben Stränden, liegt das Dorf Las Cletas. Schmucke Häuser hängen in den Lavafelsen. Manche davon sind viel größer, als es auf den ersten Blick erscheint. Eines davon war bis Ende des letzten Jahrhunderts im Besitz des verstorbenen Königs Hussein II. Gebaut wurde es für den damaligen Chef der Rio Tinto, den Ex-Ministerpräsidenten Leopoldo Calvo-Sotelo. Der jordanische König schenkte es dem spanischen König – und der vermachte es dem spanischen Staat. Der bringt hier Staatsgäste unter. Der in den Nullerjahren unbeliebte König der deutschen Sozialdemokraten war auch hier.

Arrecife
Inselhauptstadt hinter dem Riff

Die Hälfte aller Lanzaroteños lebt hier. Arrecife gehört den Einheimischen. Die Inselhauptstadt ist keine mondäne Metropole. Doch auch hier hat Manrique Hand angelegt. Ihren Namen verdankt die Stadt den *arrecifes*. Das sind Riffs, die sich vor der Stadt auffächern. Hinter ihnen suchten die Fischer Schutz vor Piraten. Das misslang gründlich. Arrecife war ein beliebtes Piratenziel. Erst seit 1852 – Seeräuberei war aus der Mode gekommen - ist sie die Inselhauptstadt. Insel. Davor war hier wenig los. In einer Beschreibung aus dem Jahre 1766 ist zu lesen: *„Der Hafen, der früher sehr klein war mit gerade einmal 15 oder 20 Einwohnern, ist sehr schnell angewachsen und rühmt sich nun, etwa 72 Einwohner und eine dem Bischof San Ginés gewidmete Kapelle zu haben. Außerdem gibt es ein paar neue Werkstätten, Häuser und große Weinkeller sowie andere Läden und Destillen.“*

Arrecife beginnt mit einem Industriegebiet, einer *Zona Industrial*. Es ist eines von Dreien auf der Insel. In Playa Honda direkt am Flughafen gibt es vor den Toren Arrecifes ein weiteres – und seit wenigen Jahren vor den Toren Playa Blancas das Jüngste. Dies hier vor mir ist – im Gegensatz zu den beiden anderen die eher Gewerbegebiete sind - tatsächlich Industriegebiet: Meerwasserentsalzungsanlage, Elektrizitätswerk, Kraftstofftanks und eine Containerhafen. Für den Export produziert wird aber auch hier nicht. Die Insel ist wirtschaftlich eine Monokultur. Sie lebt vom Tourismus und dem Weinexport. Dann kommt lange nichts. Über dem *Puerto de Mármoles* – direkt über der Klippe - thront das *Castillo de San José* mit meterdicken Mauern. Es ist das Ergebnis einer Arbeitsbeschaffungsmaßnahme. Die Inselbewohner hungerten. Viele hatten keine Arbeit und konnten daher ihre Familien nicht ernähren. Ursache war eine Dürreperiode. Ohnehin war Ackerland seit den Timanfaya-Ausbrüchen vierzig Jahre vorher rar. König Carlos III. lies das Kastell erbauen, damit die Leute Arbeit hatten. Es wurde deshalb *Fortaleza del Hambre* genannt – Hungerfort. Der Insel waren zwischenzeitlich die Piraten abhanden gekommen. Daher gammelte die malerische Burg zweihundert Jahre vor sich hin – bis die

Lichtgestalt der Insel sich auch ihrer annahm. Manrique lies das verfallene Bauwerk restaurieren. Im Souterrain baute er ein Panoramarestaurant an. Hier kann man bei einem Latte Macchiato den Hafenarbeitern beim Arbeiten zusehen. Viele davon gibt es in diesem Container-Umschlagplatz nicht mehr. Das Innere der Burg wurde zum *Museo Internacional de Arte Contemporaneo*. Werke der Moderne sind hier zu besichtigen. Die von Miró, Picasso, Ildefonso Aguilar - und natürlich fehlt auch Manrique nicht.

Zwischen der Burg und dem Fischereihafen Puerto del Naos rotten stillgelegte Salinen vor sich hin. Die Terrassen sind in den Hang gebaut. Das Meerwasser musste dreißig Meter hochgepumpt werden. Es gibt auf der Insel weniger aufwändige Lösungen. Allerdings hatten diese Salinen ihre Endverbraucher direkt vor der Tür: die Fischer. Das Salz diente ihnen zur Konservierung.

Es ist Mittagessenszeit, als ich das Hafenviertel erreiche. Aus den zahlreichen Restaurants wabert Fischgeruch auf die Straße. Teller klackern, Gesprächsfetzen hallen durch die Gassen. Die Türen sind offen. Ich sehe, wie Hafenarbeiter und Fischer gestenuntermalt den letzten Fang oder das Weltgeschehen diskutieren. In Reiseführern wird von diesen Kneipen geschwärmt. Ich bin mir nicht sicher, ob Touristen in dieser Welt willkommen sind.

Wenig später, am *Charco de San Ginés,* sind die Restaurants auch voll. Logisch. Alle sind beim Mittagessen. Auch abends ist hier viel los. Dann wird in der *Casa del Mielo* diskutiert. Schriftsteller, Künstler und Intellektuelle treffen sich in der „*Hütte der Angst*". Angst muß das bunte Publikum allerdings nicht haben. Hier wird Politikern Angst gemacht. Sie ist Sitz eines bedeutenden Karnevalvereins. In ihren Räumen werden nicht nur die Kostüme der nächsten Saison entworfen. Hier wird die Inselpolitik in bissige Reime gefasst. Schriftsteller wie Antonio F. Martín Hormiga sollen hier ein und aus gehen. Sein Erzählband „*El Rabo del Ciclón*" („*Der Schweif des Zyklons*") ist eine Hommage an Lanzarotes Fischer und Seefahrer. Die Geschichten beruhen auf dem, was ihm die Seeleute erzählt haben. Sie beschreiben eine Lebenswelt, in der es nur selten glückliche Augenblicke gab. Das Leben auf dem Atlantik war gefährlich. Es endete oft mit dem Tod. Aber auch die winzige Insel war keine der Seligen. Das ruft er in Erinnerung. Seine Geschichten verbindet die Katastrophe von 1951. Damals brachte ein Zyklon Tod

und Verwüstung auf die Insel. Eine Geschichte handelt von Wildwest-romanen im Atlantik: *„Um uns zu unterhalten, waren wir auf Wildwestromane verfallen, die kapitelweise vorgelesen wurden. Unter den vierzig Männern, die auf der Juana Hernández waren, konnten gerade mal lesen, und nur einer der beiden konn-te Western vortragen, der andere beherrschte nicht den richtigen Tonfall. Verstehen Sie, wenn es hieß ‚Da kam Billy the Kid herein, und peng, peng, peng! Hatte er drei oder vier umgebracht.' Juan Figueras, daran erinnere ich mich, der erzeugte die nöti-ge Spannung, wenn er ‚Verteidige dich, Jonny!' so vorbrachte, als wäre er der Held. Wir saßen bis zwölf oder eins zusammen, bis das Kapitel zu Ende war. War der Roman gut, beknieten wir ihn weiterzulesen: ‚Verdammt, lies' noch eins, los, noch eins!', und immer antwortete er: ‚Nein, es wird nichts mehr gelesen, morgen kommt ein neues Kapitel dran.' Wir hielten daraufhin alle den Mund, wir konnten ja nicht protestieren, denn dann hätte er am nächsten Tag überhaupt nichts vorgelesen, und das wäre noch schlimmer gewesen, wir hatten ja kein Radio und gar nichts. Das einzige, was wir hatten, um uns abzulenken, waren diese Romane.“*

Die Insel hat eine Reihe interessanter Schriftsteller hervorgebracht. Deren Werke sind jedoch nur selten ins Deutsche übersetzt worden. Zu den mäßig übersetzten gehört das Bändchen des Journalisten Leonardo Perdomo Spínola *„El Puerto de la Luz und Zehn Erzählungen"*, in dem er einfühlsam von den Gescheiterten auf der Insel schreibt: den Trinkern in den Hafenspelunken, den Spielern und unglücklich Liebenden. Mä-ßig übersetzt ist auch Rafael Arozarenas *„Mararía"*. Der Roman spielt in dem Bergdorf Fémes, das hoch über der Rubicón-Ebene liegt. Er er-zählt in Episoden von der wunderschönen aber unnahbaren Mararía, der alle männlichen Dorfbewohner verfallen waren.

Bunte Fischerboote schaukeln in der *Charco de San Ginés - der Pfütze von San .Ginés:* Die Bucht wurde schon von den Ureinwohnern besiedelt. Gadafier Lasalle benutzte ihn 1403 als Nachschubhafen. Die Fischer nutzen die Lagune seit Jahrhunderten als Hafenbecken. Ehe der Damm gebaut wurde, war sie Arrecifes bester Fanggrund. Mit der Flut schwemmte das Meeresgetier in die Lagune. Ehe das Wasser wieder ablief, versperrte man den Fischen mit einem Netz den Weg. Danach konnte man sie bequem auflesen. *Easy Fishing*. In der angrenzenden Altstadt findet man romantische Winkel. Mit der städtischen Entwick-lung bekam der Ort eine eigene Pfarrei: San Ginés. Die hatte ein Fran-zose gestiftet und nach seinem Bischof benennen lassen. Um die kleine

Altstadt entstanden neue Straßenzüge. Heute dehnen sich an der Peripherie einförmige Wohnsiedlungen und Industrieanlagen aus. Hinter der Iglesia tauche ich ein in ein Gewirr von Gassen und lande wenig später in der Fußgängerzone León y Castillo – von den Einheimischen *La Real*, die Königliche, genannt. Auf dem Laufsteg der Insel treiben sich grade überdurchschnittlich viele Touristen rum – die Insulaner sind ja beim Mittagessen. Ich gehe entspannt Jagen und Sammeln und setze mich danach auf eine Bank. Am Ende der Fußgängerzone wartet der Puente de las Bolas – das Wahrzeichen der Stadt. Die Zugbrücke führt zum Castillo des San Gabriel auf der Islote de los Ingleses. Geschleift vom berüchtigten algerischen Piraten Morato Arrárez wurde es vom italienischen Festungsbaumeister Leonardo Torriani wieder aufgebaut. Hier stehen auch die zwei Kanonen von der Bateria del Rio. Der ehemalige Geschützposten wurde von Manrique zum Aussichtspunkt auf La Graciosa umgebaut. Im Innenraum beherbergt die Festung das Museo Arqueológico. Sein berühmteste Exponat ist ein großer Stein. Er stammt von der Burg des Altkanarenkönigs Zonzamas. Auch römische Amphoren aus dem dritten Jahrhundert gibt es im Angebot. Sie sind vor La Graciosa aus dem Meer gefischt worden.

„Arrecife ist ein blitzsauberes Städtchen von 20.000 Einwohnern, mit sauberen Straßen und einem hübschen Park in dem Einheimische und Fremde im Schatten von Blumen und Palmen besonders am Spätnachmittag Erholung und Erquickung finden" heißt es in einem vierzig Jahre alten Bildband. Die Kuhreiher über mir arbeiten daran, dass sich das ändert. Vom lärmenden Durchgangsverkehr unbeeindruckt, hocken die *Bubulcus ibis* seit Generationen in den Bäumen des Park *Ramírez Cerdá*. Der Platz ist aus nahrungsmittelaufnahmetechnischer Sicht gut gewählt. Keine Kühe weit und breit, aber der Reiher nimmt auch, was aus dem Meer kommt. Wählerisch ist er nicht. Die Viecher sind so ganz klein nicht Mit über einem halben Meter Körperlänge – bussardgroß - passt gut was rein. Und das ist auch das Problem, denn was reingeht, muss auch wieder raus. Stubenrein sind sie nicht – und damit haben sie ein Problem. Sie nisten in Kolonien. Dreihundert sollen es im Park sein. Damit haben sie noch ein Problem. Die Nester werden auf Bäumen oder in Büscher sowie im Röhricht errichtet. Mangels Röhricht und Büschen bleiben nur Bäume. Davon gibt es auf der Insel nicht allzu viele. Und das ist ihr größtes

Problem. Vor einigen Jahren hat es die Stadtverwaltung dann mit Spikes versucht. Richtig beeindruckt hat das die Viecher nicht. Allen bisherigen Umsiedlungsaktionen und Abwehrmaßnahmen zum Trotz haben sich die Kuhreiher stets wieder in ihren heiß geliebten Baumkronen eingefunden. Inzwischen sollen sie auf ein Areal in der Nähe des *Cabildo Insular u*mgesiedelt worden und überwiegend dort geblieben sein.

Die Stadtbewohner sind stolz auf ihren Park. Auch hier mischte Manrique bei der Gestaltung mit. Er ist die Schaubühne der Stadt. Gerade deshalb reibt man sich die Augen, wenn man das Straßenschild liest: Avenida Generalissimo Franco. Wie bitte? Die Falange des Diktators tötete in Konzentrationslagern Hunderttausende Verteidiger der Republik. Sie überzog das Land Jahrzehnte mit einer bleiernen Zeit. Bis heute ist diese Vergangenheit nicht aufgearbeitet. In Deutschland haben die 68er das geleistet – in Spanien fand 68 nicht statt. Die Sozialisten haben immerhin durchgesetzt, dass die Francostraßen auf dem Festland endlich verschwunden sind. Bis zur Insel im Atlantik hat sich diese neue Mode noch nicht herumgesprochen. Der faschistische Diktator war unmittelbar vor dem Putsch Militärgouverneur der Kanaren.

Ich laufe weiter. Vor dem Playa del Reducto steht ein Schuhkarton. Es ist das höchste Gebäude der Insel – selbst von den Bergrücken der Los Ajaches noch deutlich zu erkennen. Es entstand Mitte der 1960er Jahre, als Manrique noch in New York lebte. Seine Entstehung verdankt es der Tatsache, dass die Inselhauptstadt auch etwas vom touristischen Kuchen abhaben wollte. Bis dahin war der Tourismus an Arrecife vorbeigegangen. Doch kaum jemand wollte in dem hässlichen Hotel wohnen. Deshalb wurde es 1991 geschlossen. Bald darauf zog die Drogenszene der Insel dort ein. Das war insofern ein praktischer Standort, als der Stadtstrand direkt vor der Haustür liegt. Da lag das Geld für die Drogen im Sand. Wenige Jahre nach der Schließung beschloss das Hotel, sich aus dem Stadtbild zu entfernen. Per Selbstentzündung. Eine vernünftige Entscheidung – ganz in Manriques Sinn. Hat nur nicht geklappt. Seit einigen Jahren glänzt die Fassade wieder.

Ich gehe baden. Das Meer ist am Playa del Reducto seicht. Bei Ebbe sieht man die Felsenriffe. An seinem Ende steht hinter dem Bushalteplatz das neoklassizistische Gebäude des Inselrats. Mit Manriques Baukultur hat das protzige Gebäude nichts am Hut. Dennoch versuchen

einige Mitarbeiter dort, den Betontsunami aufzuhalten. Es sind wackere Kämpfer gegen Windmühlen – wenn man sich vergegenwärtigt, wie die Insel in den letzten beiden Dekaden geworden ist.

Vorbei am Cabildo laufe ich die Strandpromenade nach Puerto del Carmen. Vor dem Flughafen liegt Playa Honda. Es hat die touristische Entwicklung weitgehend verschlafen. Viele Häuser sind nur an den Wochenenden und in den Ferien bewohnt. Entsprechen leer sind die Strände. Jetzt, nach der Semana Santa und unter der Woche sind die Strände leer. Das Dorf liegt in der Einflugschneise. Fünfeinhalb Millionen Passagiere schweben hier jährlich ein und aus. Das macht Playa Honda zu einem bezahlbaren Wohngebiet. Der *Aeropuerto de Guasimeta* ist nach dem Strand benannt, dem er sich zur Freude der Planespotter unmittelbar anschließt. Ich suche mir eine Strandburg und habe für heute fertig. Immer noch sind Osterferien. Entsprechend viel Betrieb ist am Himmel. Da der Flughafen jedoch um Mitternacht seine Pforten schließt, ist irgendwann Schluss.

Wenn der Passat weht, starten die Maschinen inselwärts. So auch am nächsten Morgen. Das erste Flugzeug fährt seine donnernden Turbinen direkt neben meinem Nachtlager hoch. Es gibt dezentere Wecker. Früh geweckt, komme ich am Playa Matagorda an, ehe die ersten Touristen den Strand in Besitz genommen haben. Lediglich einige einsame Jogger fliegen mir leichtfüßig entgegen.

Puerto del Carmen
Vierzig Jahre Massentourismus

Hier ist immer Urlaub. Zu jeder Jahreszeit. Zu jeder Tageszeit. Nirgendwo auf der Insel ist nachts mehr los. Über acht Kilometer zieht sich die Ferienfabrik vom Flughafen bis zum alten Ortskern im Fischereihafen hin. Bis vor vierzig Jahren standen dort nur ein paar schlichte Lagerhütten. Davor spielten die Fischer in der Siesta Bola, flickten ihre Netze und holten jeden Morgen die reichliche Ladung Meeresgetier vom Kutter. An diesem Alltag hätte sich wenig geändert, wären da nicht die langen weißen Sandstrände.

Hier kann man noch baden, wenn an der Westküste meterhohe Wellen anbranden. Der Passat wird von den Vulkanen im Norden abgelenkt. Sie fegen über den Badeort hinweg. Das entdeckten Mitte der 1970er Jahre zwei Hotelgesellschaften. Die eine baute am Playa Blanca – in Wurfweite zum Fischerhafen – ein wuchtiges, mit Granitplatten verkleidetes Hotel: das Los Fariones. Fast gleichzeitig entstand am Playa des los Pocillos das San Antonio. Danach blieb es lange ruhig. Das sollte sich ein Jahrzehnt später ändern. Plötzlich wurde an allen drei Stränden gebaut, was die Betonmischer hergaben. Innerhalb weniger Jahre wuchs das ganze zur Urlaubsmetropole zusammen und fraß sich Richtung Tias ins Inselinnere. Die perfekte Ferieninfrastruktur von Puerto del Carmen hat allerdings nicht die Touristenmonokultur von Costa Teguise hervorgebracht. Die Siedlung ist kein Urlauberghetto. Viele Insulaner leben hier – insbesondere die im Tourismus beschäftigten. Und am Wochenende fallen die Nachtschwärmer ein. Es ist das Vergnügungszentrum der ganzen Insel. An der Avenida de las Playas reihen sich kilometerweit Boutiquen, Bars, Autovermietungen und Restaurants wie an einer Perlenschnur auf.

Ich laufe am Los Fariones den Berg hinauf, weil ich auf dem Weg nach Puerto Calero Beate besuchen will. Die steile Straße endet an einem Kreisverkehr. Dahinter steht ein modernes Einkaufszentrum. Auch dessen Betreiber will vom Gütesiegel Biosphärenreservat profitieren und es zynisch *Biosfera*. Saramago hat in seinem globalisierungskritischen Roman *„Das Zentrum"* einen Konsumtempel beschrieben. *„Die*

Idee für ‚Das Zentrum' kam mir, als ich nahe Lissabon eine gigantische Werbung für eine Shoppingmall sah. Außerdem hatte ich in einer spanischen Zeitung vom letzten Willen einer Frau gelesen hatte, ihre Asche über einem Einkaufszentrum zu verstreuen, wo sie die glücklichsten Stunden ihres Lebens verbracht hätte. Kann Einkaufen Glück sein? Konsum ein Daseinszweck?" In dem Roman erlebt der Leser eine Konsumdiktatur, an der vor allem die kleinen Leute zugrunde gehen. Die Hauptfigur, ein alter Töpfer, kann seine Waren nicht mehr verkaufen und muss das Haus seiner Vorväter verlassen. Er wird in ein künstliches Paradies voller Geschäfte, Kasinos und simulierter Naturereignisse vertrieben, dessen Fenster man nicht öffnen kann.

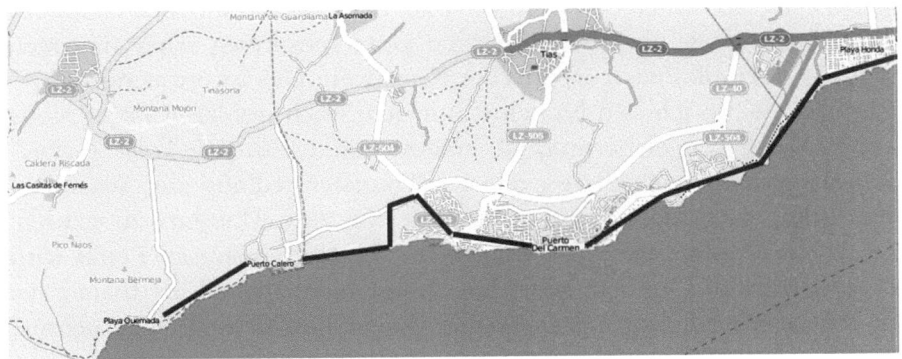

Puerto Calero
„Turismo de Calidad"

José Calero Rodriguez war ein leidenschaftlicher Segler – und wohlhabend. *„Dot the Points!"* dachte er, kaufte Land an der menschenleeren Küste und lies den größten Sporthafen Lanzarotes erbauen. Für die Planung engagierte er Luis Ibáñez Margalef. Der war ein langjähriger Freund César Manriques und der eigentliche Erfinder des Grün-Weiß-Designs. Er schuf einen noblen Jachthafen in spanischem Kolonialstil, gehalten in maritimem Weiß und Blau. *Turismo de Calidad* – Qualitätstourismus, der auf eine finanzkräftige Klientel abzielt – wird hier vorgeführt. In der Ladenzeile gibt es die höchste Dichte exklusiver Labels auf den Kanaren. In den Restaurants davor kann man gut abhängen und dem klirrenden Singsang von Wind und Masten zuhören. Im Hafenbecken haben sich ziemlich fette Fische angesiedelt – weit weg von nervigem Wellengang und Angelruten.

Zur Zeit meiner Wanderung gab es dort noch ein Wahlmuseum und das Büro des WWF Canarias. Beide sind ausgezogen, passten wohl nicht mehr in das Konzept. Ein wenig schadenfroh nehme ich die vielen englischen Pauschaltouristen wahr, die sie in das neue Vier-Sterne-Hotel einquartieren. Lobsterrote All-inclusive-Touristen aus Sheffield flanieren an den exklusiven Villen ihrer Landsleute aus der Londoner City vorbei. Dumm gelaufen. Als nach der Weltwirtschaftskrise die Touristen ausblieben, wurden selbst die Zimmer im Fünf-Sterne-Hotel am Ende der Urbanización verramscht. Diese Zeiten sind allerdings wieder vorbei. Ich habe ein zwiespältiges Verhältnis zu dem Ort. Ich genieße es, auf einer der wenigen Bänke zu sitzen und den Skippern zuzuschauen, wie sie ihre piekfeinen Bote schrubben Aber für mich richt das hier alles nach aseptischer Kunstwelt. Das ist etwas nörgelig – ich weiß. Wenn ich den Nobelort mit dem noch nobleren Ports Nous auf Mallorca vergleiche muß ich eingestehen: *„Well done Senior Calero!"* Allerdings ufert auch diese exklusive Touristensiedlung aus. Was einst eine halbwegs gute Idee war, gerät in Gefahr, zum Albtraum zu werden. Es ist ein bisschen wie mit Süßigkeiten: ab einem gewissen Punkt wird einem schlecht. Ohnehin führt hier längst nicht mehr Luis Ibáñez die Feder. Schon die protzigen Villen gegenüber dem Viersternehotel

sprechen eine andere Formensprache: die der Allerweltsdesignerbauten aus Glas und Beton, wie man sie überall auf der Welt findet. Und nach der Verlängerung der Hafenmole hat man nun fast doppelt so viele Anlegeplätze geschaffen. Masse statt Klasse. Quantität vor Qualität. Schade. Und noch immer stehen Baukräne herum. Der obligatorische Golfplatz ist in Planung. Wo sonst wären die riesigen Wasserressourcen der Insel besser aufgehoben?

Playa Quemada
Der verbrannte Strand

Schwarz sind die Strände am Ende der Welt – auch der von Playa Quemada. Und geröllig. *„Erleben Sie Lanzarote, wie es vor vierzig Jahren war."* So wirbt Jahre später ein neu eröffnetes Restaurant. Die bescheidenen Fischerboote liegen zwar noch am Strand. Gefischt wird aber nur für den Eigenbedarf. Ansonsten haben sich hier einige Deutsche niedergelassen. Gemeldet sind hundertdreißig Einwohner. Durch ein Kap vom Ort getrennt liegt der Playa de la Arena. Von schroffen Klippen umrahmt, hat man tatsächlich das Gefühl, in einer Arena zu sein.

Ich verbringe noch ein paar Tage unter bilderbuchblauem Himmel am Strand. Jahre später komme ich zurück. Rafael hat seinen Minimercado aufgegeben. Dafür gibt es neue Restaurants, die schick daherkommen. Und Schilder, die vor Gerölllawinen warnen, wenn man unter den Klippen lagert. Ich bin traurig. Ein Paradies weniger auf meiner Landkarte.

Auf dem Weg zum Flughafen marschiere – nicht ohne Beate noch mal auf ein kühles halbes Bier besucht zu haben. Den Abend verbringe ich am Playa Matagorda. Um Mitternacht mache ich mich auf den Weg zum Flughafen. Der ist inzwischen geschlossen und menschenleer. Ich gehe auf und ab, bis die ersten kommen, auf die der Flieger wartet. Engländer. Natürlich. Wer sonst – um diese Tageszeit. Als der Jet in den Sonnenaufgang fliegt denke ich wieder einmal

„Ei dit it mei wäääihhh!"

Manrique auf Lanzarote

„Nicht nur, dass der Maler die Insel mit neuen Ausdrucksmitteln wiederentdeckte, er widmete sich auch mit Leidenschaft dem Bau eines neuen Lanzarote, eines Lanzarote, das der Utopie des ‚Baus der Erde' nahekam, die er fast 25 Jahre lang durch sein architektonisches und umweltschützerisches Werk in die Wirklichkeit umsetzte, wobei er gleichzeitig ein Klima schuf, das schließlich in das kollektive Bewusstsein drang und die ästhetische Sensibilität der Allgemeinheit weckte. Wir haben es hier mit einem von schöpferischer Energie überschäumenden Künstler zu tun, der nicht nur die durch die Vulkantätigkeit hervorgebrachten Naturdenkmäler, die ‚Lippen' der Strände oder die eigentümliche Landwirtschaft, die eine unbewusste, jedoch einzigartige ‚land art' kultivierte, oder die Klarheit und Kargheit der bodenständigen Architektur zu sehen verstand, sondern darin auch voller Mut für sich selbst eine Herausforderung, die Vision einer gewaltigen Utopie zur Rettung seiner Umwelt entdeckt…Ihn persönlich störten die Etiketten, die ihn als Maler, Architekt, Designer, Bildhauer, Bauleiter oder Stadtplaner bezeichneten, denn abgesehen davon, dass er sich durch sie eingeengt fühlte, sah er die Zukunft der Kunst und selbstverständlich auch seines eigenen Wirkens immer in der totalen Schöpfung."

(Simón Marchán Fiz in seinem Buch über die Fundación César Manrique).

Kulturstätte und Touristenattraktion *Jameos del Agua* (1968): *Jameos* nannten die Altkanarier Hohlräume. César Manrique baute einen eingebrochener Lavatunnel – entstanden durch den Ausbruch des Montaña Corona - mit Höhlensee in eine meditative Grotte um. Im unterirdischen See lebt die weiße Krebsart *Munidopsis polymorpha*. Normalsterbliche bekommen sie nur hier vor die Kamera. Anderswo muß man schon zwei Kilometer in den Ozean eintauchen. Manrique hat den Eingriff auf ein Minimum beschränkt. Später (1977) erweitert er das Ensemble um einen Konzertsaal, in dem viele internationale Künstler auftreten. Es führt die Besucherhitliste an – noch vor den Feuerbergen.

Die Jameos del Agua sind wie die Cuevas de los Verdes entstanden, als die Lava des Vulkans Corona in den Atlantik strömte. Es entstand der sogenannte Atlándia-Tunnel, der über fast acht Kilometer bis zum Atlantik führt. Sein Dach wurde durch Gase hier weggesprengt.
Ehe Manrique die Schönheit entdeckte und in seinem Sinne umwandelte. Versteckten sich hier die Insulaner vor Piraten und Sklavenjägern. Später diente die Grotte als Müllkippe – bis Manrique kam.

Fruchtbarkeitsdenkmal *Monumento al Campesino* (1968): Dafür haben ihn die Lanzaroteños fast von der Insel gejagt. In der Inselmitte errichtete Jesús Soto nach Manriques Plänen kurz nach dessen Rückkehr ein Fruchtbarkeitsmonument für die lanzaroteñischen Bauern. Vollständig heißt es „*Monumento de la Fecundidad al Campesino* Lanzaroteño" – Fruchtbarkeitsdenkmal für den Bauern Lanzarotes. Die völlig abstrahierte Darstellung eines Bauern mit Esel und Dromedar soll an ihre schwere Arbeit erinnern. Es wurde aus den Wassertanks von Fischerbooten errichtet und soll an den ewigen Wassermangel erinnern, der das Leben der Bauern so hart machte. Standort, Darstellung und Material formen die Aussage. Das Denkmal weist auf zwei Lebensbereiche der damaligen Lanzaroteños hin: Landwirtschaft und Fischfang. Heute sehen viele, die die Abhängigkeit der Insel vom Tourismusgeschäft kritisieren, das Monument als Mahnmal.

Gleich nebenan richtete Manrique in einem alten Gutshof ein Heimatmuseum ein. Bei der Restaurierung und Erweiterung des Bauernmuseums erkundete er den bodenständigen Stil, der zur Richtschnur seines Schaffens wurde.

Landrestaurant *La Era* (1970): Zusammen mit Louis Ibánez restaurierte Manrique zwei baufällige Fincas und baute sie zum Restaurant um. Die Bauernhöfe sind aus dem 17. Jahrhundert und entsprechend ihrer Zeit möbliert. Es gibt in Yaiza nur zwei weitere Gebäude, die nicht durch die letzten Vulkanausbrüche im Jahre 1824 beschädigt wurden.

Das Restaurant am Ortseingang von Yaiza ist bekannt für seine kanarischen Gerichte. Es wird zurzeit (Frühjahr 2011) renoviert.

Restaurant *El Diabolo* (1970): Auf dem Islote del Hilario, inmitten der Feuerberge des *Parque Nacional de Timanfaya*, baute Manrique das feuerfeste Restaurant. Spezialität: Vulkangrill. Auch dies ist ein Alleinstellungsmerkmal für Lanzarote.

Aussichtspunkt *Mirador del Rio* (1973): Das Mirador del Río befindet sich auf einem 475 Meter über dem Meeresspiegel liegenden Punkt der Steilküste des über 600 Meter hohen Famaramassivs. Während des Krieges zwischen Kuba und den USA gegen Ende des 19.Jahrhunderts wurden an jener Stelle, an der sich heute das Mirador del Río befindet, Geschützbatterien installiert.

Wo einst Krieg vorbereitet wurde, hat Manrique einen kontemplativen Ort geschaffen – jedenfalls außerhalb der Stoßzeiten. Genial: von außen ist der Aussichtspunkt kaum zu sehen. Er fügt sich in die Famara-Klippen ein. Aus Steinen, die denen der Umgebung gleichen und aus einem nahen Basaltbruchs des Famara-Massivs stammen, hat Manrique zusammen mit Jesús Rafael Soto und dem Architekten *Eduardo Caceres* ein Gewölbe geschaffen, das in den natürlichen Felsen übergeht. Er ließ den Berg aufgraben und baute in die entstandene Senke ein Restaurant. Es erhielt zwei Kuppen, über die Erde geschüttet wurde. Mit dem Bauwerk lehnte sich Manrique bewusst an die *casa honda* der Altkanarier an. *Casa honda* lautet übersetzt: das Haus, das sich unter die Erde „duckt".

Der weitreichende Blick aus dem breiten Fenster des Restaurants über die hohen Felsklippen und über die etwa zwei Kilometer breite, namensstiftende Meerenge *Río* (spanisch für *Fluss*) hinüber bis auf das Chinijo-Archipel, mit den Inseln La Graciosa, Alegranza, Montaña Clara, und dem Felsen Roque del Este, machten das Mirador del Río zu einer Touristenattraktion. Am Fuße des Abhangs (*Risco de Famara*), mit seinen im Laufe von Jahrtausenden entstandenen bizarren Auswaschungen, befindet sich eine der ältesten Salinen der Kanaren. Das eigenartige Rot einiger ihrer Segmente ist auf den winzigen Salinenkrebs zurückzuführen. Westlich an die Salinen angrenzend sieht man den weißen *Playa del Risco*. Er ist nur per Boot oder über einen serpentinenreichen Wanderweg die Steilwand herab zu erreichen

Der Mirador del Rio wurde von Architekturkritikern als eines der besten Gebäude der Welt gelobt. Er gilt als Manriques gelungenstes Werk – auf jeden Fall ist es sein kompromisslosestes.

Festung *Castillo de San José* (1974): Der massive Bau stand lange nutzlos im Hafen von Arrecife. Kein Wunder, den das war er schon beim Bau – als Arbeitsbeschaffungsmaßnahme hatte das Castillo nie strategische Bedeutung. Manrique lies die Rumpelkammer renovieren, richtete ein Museum für moderne Kunst ein und baute ein Restaurant mit Hafenblick in den Hang unterhalb der Festung.

Kaktusgarten *Jardin de Cactus* (1977 - 1990): Zwischen Guatiza und Mala fand Manrique ein hässliches Loch vor – eine ehemalige Picóngrube aus dem 19ten Jahrhundert. Er kam, sah und rekultivierte. Tausende Kakteen wurden angepflanzt, originell in eine märchenhaft-surreale Kulisse eingefügt. Rundherum beherrschen Opuntien das Landschaftsbild – ein idealer Ort für einen Kaktusgarten. Ein überdimensionaler Metallkaktus steht an dessen Eingang.. Die Kakteen brachte der Botaniker Estanislao Gonzáles Ferrer hierher – fast zehntausend Pflanzen. Natürlich sind alle kanarischen Arten vertreten – viele aber auch aus den Vereinigten Staaten und Madagaskar. In den Garten integrierte Manrique eine alte Windmühle. Vor einigen Jahren funktionierte sie noch und zermalte Mais und Weizen zum inseltypischen *gofio*.

Der Kakteengarten ist terrassenförmig wie ein Amphitheater angelegt, auch Elemente, die an japanische Gärten erinnern, prägen die Architektur. Den Boden bedeckt vulkanisches Lapilli, den nächtlichen Tau speichernde Vulkanasche, wie sie auch für den Trockenfeldbau benutzt wird.

Ehemaliges Wohnhaus *Fundación Manrique* (ab 1968): Er wollte inmitten der Lava leben, als er 1968 auf die Insel zurückkehrte. *„Vom ersten Augenblick an, als ich wieder den Boden Lanzarotes betrat, spürte ich in mir eine Besessenheit, meine außergewöhnlichen Kindheitsabenteuer in der Lava wiederzubeleben; nunmehr mit einer vergleichsweise großen Erfahrung, fühlte ich einen starken Antrieb, das Erlebnis des Eindringens in diese Magie der vulkanischen Spalten wiederzufinden und, wenn möglich, zu wiederholen, und damit zugleich wieder des hiermit verbundenen ästhetischen Gefühls teilhaftig zu werden."* Er suchte die gesamte Insel nach einem geeigneten Bauplatz ab. Gefunden hat er fünf unterirdische Vulkanblasen bei Tahiche. Er baute sie behutsam aus und fügte oberirdisch einen Wohn-, Ausstellungs- und Arbeitstrakt im Inselstil hinzu. Es war *„work in progress"*. 1992, kurz vor seinem Tod, waren die Umbauten zum Stiftungssitz beendet. Da wohnte er längst in Haria – in einem alten Bauernhaus fernab der Lavaströme.

Die Stiftung ist heute im Haus des Künstlers und den dazugehörigen Wirtschaftsgebäuden untergebracht. Der gesamte Komplex ist von Manrique selbst umgestaltet worden, um ihn an seine neue Funktion eines Museums anzupassen. Das Haus steht auf einem 30.000 m² großen Grundstück, das sich über einem Lavastrom erstreckt, der von den Vulkanausbrüchen von 1730 bis 1736 stammt.

Nobelhotel *Meliá Salinas* (1977): Üppige Vegetation, Teiche, Wasser-fälle – damals galt der Bau *out of nowhere* als vorbildlich. Gekrönte Häupter logierten hier. Es war lange Zeit das einzige Nobelhotel der Insel. Heute liegt es am Nordrand der wuchernden Touristensiedlung Costa Teguise.

Feriensiedlung *Pueblo Marinero* (1978): Im Stil eines traditionellen lanzaroteñischen Fischerdorfs entwarf Manrique neben dem Nobelhotel *Meliá Salinas* eine Mustersiedlung. Genau so stellte er sich die behutsame Tourismusentwicklung auf der Insel vor. Leider blieb es ein Muster – das ist wenige Meter weiter zu besichtigen. Die Anlage selbst ist heute nicht mehr in vorzeigbarem Zustand.

Für die Unersättlichen:

Rafael Arozarena: Mararía.
Lübbe-Verlag. Bergisch-Gladbach: 1997 (Übersetzung Gerta Neuroth).

Jean Braunstein: Jean de Béthencourt, un Normand à la conquête des Canaries.
Charles Corlet, 2001.

Fritz Dressler/Ruprecht Skasa-Weiss: Lanzarote.
Ellert & Richter. Hamburg 1988.

Agustín Espinosa Lancelot 28°-7°.
Zweisprachig: Übersetzung Carlos Müller. Cíclope editores. Lanzarote 2006.

Eberhard Fohrer: Lanzarote.
Michael Müller Verlag. Erlangen 2009.

Izabella Gawin/Dieter Schulze: Spanisch für die Kanarischen Inseln.
Kauderwelsch Sprachführer.
Reise Know How Verlag. Bielefeld 2011.

Rolf Goetz: Lanzarote. Die schönsten Tal- und Höhenwanderungen.
Bergverlag Rother. München 2010.

Hartmut Päsler: Lanzarote.
Bildband. Erscheint demnächst.

Antonio F. Martín Hormiga: Der Schweif des Zyklons (El Rabo del Ciclón).
Edition Lübbe. Bergisch-Gladbach 1992.

Antonio F. Martín Hormiga: Ritual des Übergangs/Ritual de paso.
Zweisprachig. Übersetzung Carlos Müller. Cíclope editores. Lanzarote: 2007.

Michel Houellebecq: Lanzarote. Erzählung und Fotografien. DuMont. Köln: 2000.

Michel Houellebecq: Die Möglichkeit einer Insel. DuMont. Köln: 2004.

Carlos Müller: Die Kanarischen Inseln. Reisen durch die Zeit. Dagmar Drewes Verlag, Celle 2005.

Kompass: Wander- und Bikekarte Lanzarote – mit Lexikon. Wien 2010.

Gabriel Kuhn: Unter dem Jolly Roger. Piraten im goldenen Zeitalter. Assoziation. März 2011.

Lanzarote 37°
Monatlich erscheinendes Inselmagazin (deutsch, englisch, spanisch). Susanne Bernard (Geschäftsführung und Chefredaktion).

César Manrique: Lanzarote. Stuttgart/Zürich 1982.

César Manrique: Arquitectura inédita. 1974, 2. erw. Ausgabe 1988.

César Manrique: Escrito en el fuego. Edirca, Las Palmas de Gran Canaria 1991.

Axel Menges/Fundación César Manrique: Lanzarote. Edition Axel Menges. Stuttgart 1996.

Lancelot International: Lanzarote – Offizieller Reiseführer für Lanzarote.

Paul Murphy: Reiseführer Lanzarote. National Geographic Spirallo. MairDuMont. Ostfildern 2008.

138

Gerhard Nebel: Phäakische Inseln. Eine Reise zum kanarischen Archipel.
Klett. Stuttgart 1987 (32. Auflage).

Guillermo B. Perdomo Perdomo: Lanzarote Cactus Garden. A Gardener's Notes.

Monika Reckmann: Lanzarote – preiswert reisen.
Hayit. Köln 1995.

Adam Reifenberger: Lanzarote Handbuch. Mit César Manrique Biographie.
Stein, Conrad Verlag;. 2. Auflage 2000. Im November 1989 gab ihm Manrique ein Exklusivinterview.

Verónica Reisenegger/Bernd Kunzelmann: Lanzarote.
DuMont Buchverlag Köln. 2010.

Bernd L. Richter: Lanzarote – ein Hauch von Afrika.
Artcolor Verlag. Hamm 1995.

Noel Rochford: Landschaften auf Lanzarote.
Autotouren, Wanderungen, Picknickvorschläge.
Sunflower Books. London 2000.

Manfred Sack: Cesar Manrique: Maler, Bildhauer & Architekt.
Fotos: Walter Fogel. Heidelberg 1987.

Lazaro Santana: Cesar Manrique - Eine Kunst fürs Leben.
Editorial Prensa Iberica. 1993.

Dieter Schulze: Lanzarote.
Reise Know How Verlag. Bielefeld 2010.

Leandro Perdomo Spínola: El Puerto de la Luz und Zehn Erzählungen.

Klaus Stromer: Lanzarote.
Reihe „Richtig reisen". DuMont Buchverlag.Köln 1994.

José Saramago: Cadernos de Lanzarote 1998
Tagebücher *Hefte von Lanzarote.*

José Saramago: Das Zentrum.
rororo. Reinbeck 2003.

Horst Uden: Unter dem Drachenbaum.
Legenden und Überlieferungen von den Kanarischen Inseln.
Zech Verlag. Tenerife:2007.

Alberto Vázquez-Figueroa: Oceano – Yaiza – Maradentro.
Goldmann. München 1985.

Silvia Volckmann: Die Zeit ist schwer zu erzählen auf der Insel.
Ein literarisches Lanzarote-ABC. Cíclope editores Arrecife:2009.
(ISBN: 978-84-936452-2-9).

Fotonachweis

Sofern nicht anders nachgewiesen, liegt das Urheberrecht beim Autor Guido Block-Künzler. Die Karten sind "Public Domain images for everybody" und ein Produkt des OSM-Projekts (OpenSteetMap – die freie Wikipedia-Weltkarte www.openstreetmap.de). Die Ausschnitte wurden generiert über www.maps-for-free.com.

Das Urheberrecht für die 3D-Satellitenbildkarte auf der ersten Seite liegt bei der Edition Biosphaere. Sie kann dort (oder über amazon.de) bestellt werden: www.edition-biosphaere.de.

Titelbild: Playa del Pozo im Inselsüden – einer der Papageien-Strände.

In eigener Sache

**Ich weiß, dass bei meinem Humor viele nicht mitkommen.
Heinz Strunk („Fleisch ist mein Gemüse")**

Ein Reisebericht ist immer subjektiv – so die wichtigste Spielregel des Genres. Ob der Leser und die Leserin die Sichtweise des Autors teilen, ist ihre Sache. Sie sollten jedoch Reiseberichte nicht mit Lobpreisungen verwechseln. Der Reiseberichtsautor ist kein Angestellter der örtlichen Tourismusbüros.

Dieses Buch richtet sich an den empfindsamen Reisenden, der auch hinter den schönen Schein blicken will, ohne die Lust am Reisen zu verlieren. Und das macht jenseits verbauter Landschaften immer noch viel Spaß. Die Pragmatiker unter ihnen finden Hinweise auf *no go areas*, die sich empfindsame Gemüter schenken sollten. Auf Lanzarote ist das simpel: meiden Sie einfach das touristische Dreigestirn Puerto del Carmen, Costa Teguise und Playa Blanca. Es gibt Landhotels, Privatunterkünfte und kleine Pensionen, ein einsames Hotel an der Westküste und einige Anlagen im Inselnorden. Da ist für jeden etwas dabei – auch mit relativ schmalem Geldbeutel.

Die Route entspricht über weite Strecken der vom Cabildo ausgewiesenen MTB-Route rund um Lanzarote mit einer Länge von insgesamt 205,67 Kilometern und einem Höhenunterschied von mehr als 3.000 Metern (www.lanzaroteapedales.com).

Ansonsten gilt: Alle in diesem Buch enthaltenen Angaben wurden von mir nach bestem Wissen erstellt. Gleichwohl sind inhaltliche Fehler nicht auszuschließen. Korrekturhinweise und Anregungen greife ich gerne in der nächsten Auflage auf.

Meine Adresse:
Edition Block-Künzler Outdoor-Reiseberichte
TIG Technologie- und Innovationszentrum Gießen
Kerkrader Straße 9, D-35394 Gießen
admin@outdoor-reiseberichte.info
www.outdoor-reiseberichte.info
Besuchen Sie mich auch bei *facebook*.

Buchvorschau

Einmal Heidelberg und zurück
- mit dem Rad rund um Baden-Württemberg
ISBN 9783842362284
Einmal Palma und zurück
- zu Fuß rund um Mallorca
ISBN 9783842362239
Einmal Corralejo und zurück
- zu Fuß rund um Fuerteventura
ISBN 9783842362420
Einmal Rügen und zurück
- mit dem Rad rund um Mecklenburg-Vorpommern
Einmal Larnaca und zurück
- zu Fuß rund um Zypern
Einmal Gießen und zurück
- mit dem Rad rund um Mittelhessen

Bereits erschienen
Einmal Aachen und zurück
- mit dem Rad rund um Nordrhein-Westfalen
ISBN 9783839189337
Einmal Eivissa und zurück
- zu Fuß rund um Ibiza
ISBN 9783839182000
Einmal Schlitz und zurück
- mit dem Rad rund um Hessen
ISBN 9783842362239

Bestellbar bei Ihrem Buchhändler oder über den Internetbuchhandel. Aktuelle Infos finden Sie auf
www.outdoor-reiseberichte.info